Uli Franz
Gebrauchsanweisung für China

Uli Franz

Gebrauchsanweisung für China

Piper
München Zürich

Außerdem liegen vor:

Gebrauchsanweisung für Amerika von Paul Watzlawick
Gebrauchsanweisung für Deutschland von Maxim Gorski
Gebrauchsanweisung für England von Heinz Ohff
Gebrauchsanweisung für Finnland von Claus Haar
Gebrauchsanweisung für Griechenland von Martin Pristl
Gebrauchsanweisung für Irland von Ralf Sotscheck
Gebrauchsanweisung für Israel von Martin Wagner
Gebrauchsanweisung für Japan von Gerhard Dambmann
Gebrauchsanweisung für Mexiko von Susanna Schwager und Michael Hegglin
Gebrauchsanweisung für New York von Natalie John
Gebrauchsanweisung für Schottland von Heinz Ohff
Gebrauchsanweisung für die Schweiz von Thomas Küng
Gebrauchsanweisung für Tschechien von Jiří Gruša
Gebrauchsanweisung für die Türkei von Barbara Yurtdaş

ISBN 3-492-04998-2
Überarbeitete Neuausgabe 1998

Gesetzt aus der Bembo-Antiqua
Gesamtherstellung: Clausen & Bosse, Leck
Printed in Germany

Für meine liebste Lisa aus Peking

Inhalt

Auf zur Mitte

Der Mönch mit Bettelschale galt im alten China als der vollkommene Reisende. Auf die Frage nach dem Woher und Wohin zuckte er mit den Schultern. »Wer reist, der tut es, um Augen und Ohren zu öffnen und seine Seele zu erleichtern.« Für Laotse, den größten Taoisten, kam das Reisen einer Reinigung der Seele gleich.

Modernes Reisen ist ein gepolstertes Vergnügen, zielgerichtet und auf Tempo bedacht. So befremdet uns die alte Weisheit und wir atmen erst wieder auf, wenn sich das vertraute Terrain computerisierter Ticketbuchung, klimatisierter Hotelzimmer und exakter Fahrpläne vor uns auftut. Auch der moderne Chinese – und modern will heute jeder sein – ahmt diese Art von High-Tech-Abhängigkeit nach, als sei sie eine neue Freiheit.

Vielleicht muß das alles ja so sein, zumindest in einem Land, wo sonntags wie werktags, tagsüber wie nachts ganze Völkerscharen auf den Beinen sind. Allein die nationale Eisenbahn befördert täglich knapp drei Millionen Passagiere, von denen eine halbe Million ihr fahrplanmäßiges Neuzeit-Abenteuer stehend absolvieren. Ganz egal, ob man im Zug, Bus, Flugzeug oder auf einem Schiff Platz genommen hat, zeitgemäßes Fortbewegen in China hat wenig mit einer Reise nach innen, dafür um so mehr mit

Ellbogenkampf zu tun. Schuld daran ist vorrangig die Menschenfülle. Das volkreichste Land der Erde ist mobilisiert, zur Weltspitze vorzustoßen. Wer in China reist, wird mitgerissen von einer gewaltigen Menschenkraft, von einer strotzenden Geschäftigkeit und einem tief verborgenen Gespür dafür, daß »die Weisheit des Lebens im Aushalten des Unwesentlichen besteht«.

Wer China bereist, reist leicht, wenn er sich vom Gastgeber, vom Volk, an der Hand nehmen und führen läßt. Selbst, wenn der Gastgeber schweigt und lächelt, um wenig später genau das zu tun, was der Fremde gerade nicht will.

Aufgebrochen, das mächtigste Industrieland Asiens zu werden, ist China noch immer altes Kulturland, das einst Reich der Mitte, *zhongguo*, hieß. Eine Spannweite, die einen Drahtseilakt verlangt. Über die Hälfte der 1 200 000 000 Chinesen sind um die Zwanzig, während ihre Zivilisation immerhin 5000 Jahre alt und nicht verschüttet ist. Die Parteiparolen und das Wortritual – sind sie nun eine Errungenschaft des Sozialismus oder ein Überbleibsel des Feudalismus? Oder die Glaspaläste der Megastädte und die Lehmhütten hinter Bambushainen – liegen sie in ein und demselben Land? In der Weite der Städte oder auf dem überschaubaren Dorfmarkt umwogt den Fremden eine betörende Vielschichtigkeit: Milchgesicht neben Lederhaut, T-Shirt neben Mao-Kittel, freudiges Zunicken neben dreistem Gaffen. Bei dieser Vielfalt muß ein Europäer entweder dumm oder verschlagen sein, um mitgeführte Urteile wie Abziehbilder an die chinesische Tür zu kleben. Dennoch kommt das vor, weil sich das Land von außen nur sehr schwer verstehen läßt.

China ist ein Labyrinth. Wer seinen Fuß hineinsetzt,

braucht mehr als eine Gebrauchsanweisung. Er braucht einen Kompaß, der die fünfte Himmelsrichtung benennt. Noch immer ist sie die wichtigste, denn sie ist die Mitte. *Zhong*, die von einem Pfeil durchbohrte Zielscheibe, ist das erste Schriftzeichen der chinesischen Zivilisation.

Aber keine Angst! 13 000 Kilometer östlich von Frankfurt gehen die Wasserhähne auch linksherum auf und an den Ampeln stoppt der Verkehr bei Rot. Im Tagesgeschäft sind die Chinesen halbe Europäer.

Hinter Mauern und Gesichtern

Sein »Okay« klingt perfekt, doch der englische Spruch auf seinem T-Shirt kann fehlerhaft sein. Er trägt Lederschuhe mit überhöhten Absätzen, Jackett und eine verspiegelte Sonnenbrille. Ihr Haar ist dauergewellt, und gekleidet ist sie synthetikbunt und sexy kurz. Europäer wundern sich über Jeans und US-Outfit in einem Land, in dem der spöttisch verdrehte Volksspruch kursiert »Nur China kann den Sozialismus retten«. Ja, die Jungen kleiden sich westlich, aber auch die Parteigrößen haben den Mao-Anzug längst in den Schrank gehängt. Unter den Älteren beliebt man Krawatte und Rock zu tragen. Einzig die Alten auf dem Lande zeigen dem westlichen Modetrend die kalte Schulter. Sie hängen weiterhin an ihrem Mao-Blau und Armee-Olivgrün.

Die Volksrepublik China hat sich geöffnet, zweifellos, doch die ganze Wirklichkeit bekommt der Fremde nur von außen, wie durch eine milchige Scheibe zu Gesicht. Das Land ist vergleichbar Rußlands Puppe in der Puppe; wer zum Herzen vordringen will, braucht weibliches Geschick und Geduld.

Lassen wir uns nicht täuschen! Nichts am Äußeren ist endgültig, denn das Modebewußtsein des einzelnen ist noch nicht gefestigt. Zu viele Jahrzehnte herrschten Uniformität und Gleichmacherei. Und außerdem – wer vom

Äußeren auf das Innere schließt, wird das chinesische Wesen nie erfassen, denn innen und außen sind eigenständige Welten, vergleichbar dem Inneren und Äußeren Hof der Verbotenen Stadt in Peking.

Während die Fassade aufgetakelt, chaotisch oder abgerissen anmuten mag, kann sich die Innenwelt als bescheiden, geordnet oder anziehend erweisen. Die überlieferte Architektur, das Wesentliche mit Mauern zu umhüllen, verdeutlicht einen typischen Charakterzug der chinesischen Zivilisation. Gar vom »ummauerten Ich« ist unter Auslandschinesen die Rede.

Was aber macht dieses Ich aus? Ein ausgeprägter Sinn für Tatsachen, für das Praktische, das Nächstliegende. Ja, chinesisches Denken und Handeln hat sehr, sehr viel mit Nahrungsaufnahme zu tun. So wird der einzelne als Mund, *kou*, das Volk als viele Menschenmünder, *ren kou*, betrachtet. Der Chinese erlebt nicht Bitternis und Schaden, nein, er *ißt* Bitternis und Schaden. Die ersten chinesischen Christen wurden als Menschen bezeichnet, die die Speisen der ausländischen Religion essen. Zur Begrüßung fragt man nicht: »Wie geht es Ihnen?«, sondern »Haben Sie schon gegessen?« Und ein Lehrer, nach seinem Beruf gefragt, beliebt stilvoll zu antworten. »Ich esse vom Pulver des Kreidestiftes.« Der große Laotse riet einst den Herrschern: Regiert einen Staat so, als brietet ihr einen kleinen Fisch – ganz selten in der Pfanne wenden.

Viel wichtiger als diese Beispiele ist die traditionelle Einteilung der Gesellschaft in zwei Kategorien von Menschen: in »rohe« und »gare«. Die rohen Menschen, das sind die Fremden, die Menschen von draußen vor der Mauer. Die garen, das sind die Menschen, die zur Familie, zur Verwandtschaft ersten und zweiten Grades und zum Klan gehören. Sind sie unter ihresgleichen, dann sind die garen Menschen wahre Mimosen. Sind sie unter rohen Menschen, im überfüllten Bus, an der umdrängten Ladentheke oder im übervollen Krankenhaus, wirken sie steinern wie die Große Mauer.

Egal, ob privat oder in der Öffentlichkeit – sie sind stets neugierig. Im eigenen Land prahlen sie, als seien sie immer noch die Söhne und Töchter des Himmelssohns, in der Fremde liegen sie vor allem Ausländischen auf dem Bauch. Wenn sie sich selbst einschätzen müssen, bezeichnen sie sich gerne als obrigkeitshörig, um im nächsten Moment mit einem breiten Grinsen zuzugeben, daß sie als Volk eigentlich unregierbar seien. Schließlich sind sie konservativ, weil sie ihre Nation und Zivilisation erhalten wollen – um jeden Preis! Dafür greifen sie zu den radikalsten, anarchistischsten Mitteln.

Zu Unrecht wirft man ihnen vor, sie seien seelisch verkrüppelt. Tatsächlich wird ihre Seele vom Leib und Leiblichen dominiert. Besseres Essen und Trinken, immer mehr Garküchen, Trinkstuben und Restaurants, versinnbildlichen den besseren Lebensstandard der letzten 15 Jahre offenkundiger als alles andere. Wer in chinesischer Runde ißt und trinkt, wird die gewaltige Bedeutung der Nahrungsaufnahme begreifen. Mundgeräusche können einem die Eßstäbchen aus der Hand fallen lassen. Der heiße grüne Tee wird geschlürft, als sei er eine Auster, und beim Verschlingen der langen Nudeln ertönt ein besonders genüßliches Schmatzen.

Selbst das Spucken oder, besser, Rotzen hat eine lange Tradition und ist durch keine staatliche Hygienekampagne auszurotten. Einst hatte die Spucke wundersame Namen wie Jadequell, Jadesaft und Jade- oder Goldtropfen.

Wer vor einer großen Reise oder einem Spiel stand, spuckte dreimal auf den Boden, statt toi, toi, toi zu rufen. Abergläubische Chinesen glauben fest daran, daß sie durch Ausspucken Unheil fernhalten können, denn nach der alten Auffassung sollen sich bespuckte Geister nicht mehr verwandeln können. Spucken begreifen sie als Akt der Reinigung von innen wie wir das Händewaschen oder Zähneputzen.

Die Dominanz des Leiblichen zeigt sich auch beim Fotografieren. Wie unsere Großeltern verstehen es die Chinesen zu posieren. Ein Photo (nicht Foto) hat immer Idealbild zu sein. Unsere Vorliebe für Spontaneität, für einen aufgerissenen Mund, ein tränennasses Auge, einen erschütterten Körper, eine schmutzige Hand ernten nur Kopfschütteln. Das Bild soll immer ein Geschenk fürs Leben sein, für das Familienalbum, für die Verlobte, für die Eltern, für die Nachwelt. Die besten Motive sind die zum Anfassen, heute und in Zukunft. In offiziellen Zeitungen und Büchern wird noch immer lieber geschönt, als dokumentiert. Zu hochpolitischen Zeiten wurden gestürzte Parteigrößen nachträglich wegretuschiert, verspeist.

Chinesen pflegen eine Abneigung gegen den Schnappschuß und gegen die Jagd mit dem Teleobjektiv. In schmutziger Arbeitskluft oder mit der Reisschale am Mund läßt es sich schlecht repräsentieren, denken sie. So braucht es den Reisenden nicht zu wundern, wenn das Objekt beim Griff zur Kamera verschüchtert oder unwillig wegtaucht. Schnappschüsse können Gräben aufreißen, die mit einem verlegenen Lächeln nicht zuzuschütten sind.

Sanfte Medizin hilft bei jedem Wetter

Die Heimat kennen wir besser als die Ferne. Also lassen Sie uns Fernost nach Hause holen: Wird China auf seinen Breitengraden gen Westen verschoben, dann kommt der nördlichste Punkt auf der Höhe von Hamburg, der südlichste in Khartum, der Hauptstadt des Sudans zu liegen. In seiner Ost-West-Ausdehnung reichte der Quasi-Kontinent von Gibraltar bis nach Swerdlowsk im Ural.

Nun aber bitte nicht gleich Regenschirm und Prinz-Heinrich-Mütze für den Spaziergang im nördlichen Peking einpacken, schließlich lassen sich Klimazonen nicht so leicht verschieben. Jeder wird verstehen, daß es auf Chinas 4200 Kilometer langer Nord-Süd-Ausdehnung gewaltige Temperaturunterschiede gibt – allerdings nur im Winter. Zur kalten Jahreszeit beträgt das Gefälle zwischen Harbin nahe der russischen und Nanning nahe der vietnamesischen Grenze über 30 Grad Celsius. Im tropischen Süden wachsen um Weihnachten die Ananas und die Apfelsinen, im Norden fahren die Kinder bei minus 20 Grad Schlittschuh. Im Unterschied zum Hamburger Winter ist es in Nordchina von Dezember bis Februar so trocken, daß sich der frisch angereiste Europäer leicht eine Bronchitis holt.

Die Sommer sind im Norden unsagbar schwül, das

Thermometer klettert auf plus 30, in Peking gar auf 38 Grad Celsius. Und dann schüttet es im kontinentalen Norden, wo im Jahr spärliche 50 Millimeter Regen niedergehen. Wer Chinas gewaltige Ausdehnung durchmißt, fragt sich, ob das noch dasselbe Land ist. Dem kontinentalen Norden fehlt das Wasser, von dem der tropische Süden zuviel abbekommt. Im südlichen Kanton, dem Tor zu Hongkong, überschwemmt eine jährliche Niederschlagsmenge von 1500 Millimeter die Reisfelder.

Nach einem kurzen Frühling gegen Ende Mai bricht im Norden der drückende Sommer herein. Nach dem traditionellen Bauernkalender, der sich an Sonne und Mond orientiert, ist der Sommeranfang, *li xia*, am 5. Mai. Im Einklang mit den alten Sitten lassen an diesem Tag viele Bauern ihre Säuglinge wiegen und essen zur Feier des ersten heißen Sommertages eingelegte Salzeier mit Gelbfischen. Die Große Hitze, *da shu*, lastet um die Julimitte des Mondkalenders auf dem ganzen Land. Jetzt rücken Norden und Süden zusammen, das Thermometer zeigt nur 10 Grad Celsius Differenz. Nach feuchtheißen Nächten und Stechmücken-Orgien wird der Sommer am 5. September erleichtert verabschiedet. Der Herbst dauert im Norden vom 6. September bis 25. Oktober. Im Süden beginnt er am 6. November und endet erst am 20. April. Südchina kennt weder Frühling noch Winter, sondern nur Regen- und Trockenzeit.

An dieser Stelle haben nun alle Reiseführer eine feingegliederte Tabelle mit Durchschnittstemperaturen, eine für Sommer und eine für Winter. Der Temperatur die Spitzen zu kappen ist genauso unsinnig wie aufzulisten, wie viele Kalorien ein normaler Mensch durchschnittlich zu sich nimmt. Wenn schon, dann bitte exakt! Wir verzichten auf eine Tabelle als Seitenfüller. Inzwischen wissen wir ja, daß es im Sommer überall wie in einem römischen Dampfbad und im Winter (im Norden) pulvertrocken und kalt wie im ewigen Eis ist. Wer nicht im Herbst reist, ist selber schuld.

Der Yangste (Changjiang) in der Mitte des Landes ist mehr als ein Fluß, er ist eine energiepolitische Institution. Er entscheidet, ob im Winter gefroren oder geschwitzt wird. Mit Ausnahme der großen, teuren Hotels und der Büros ausländischer Niederlassungen wird offiziell keine Wohnung und kein öffentliches Gebäude südlich dieses 6380 Kilometer langen Stromes geheizt. Inoffiziell qualmt es bestialisch aus Millionen von Blechrohren, die provisorisch durch Fenster und Dachluken ins Freie geleitet werden. In winzigen Gußöfen verheizen die Menschen runde, durchlöcherte Briketts einer luftgetrockneten Mischung aus Kohlestaub und Erde. Peitschen im Januar eisige Regenschauer auf Shanghai nieder, dann heizen sich viele der 14 Millionen Einwohner auf diese Art ein, denn Shanghai liegt knapp südlich des Heizungsäquators.

Für das Klima gelten vier Zonen (tropisch, subtropisch, gemäßigt und kalt) und zwei Faustregeln: Zum einen, Luftfeuchtigkeit und Niederschläge nehmen von Süden nach Norden stetig ab. Zum anderen, je weiter man sich von der Küste landeinwärts bewegt, desto trokkener und regenärmer wird es. Der große Regen, der in Küstennähe Monsunstärke erreichen kann, ergießt sich beim Anstieg zum zentralchinesischen Hochplateau, das sich hinter dem 400 Kilometer breiten Küstenstreifen aufbaut.

Wir Wetternörgler brauchen das Wetter, zumindest als

Gesprächsthema. Die Nässe ist uns Anlaß zum Schimpfen, die Hitze zum Stöhnen. Nun ja, wir Mitteleuropäer werden auch nicht gerade verwöhnt. Oft genug zeigt die Wetterkarte über Deutschland ein Tief. Hundewetter wurde uns sozusagen in die Wiege gelegt. Moment mal! Sind wir denn wirklich Opfer des Wetters? Wir, mit unserer Fernwärme aus digitalgesteuerten Heizungen, mit unseren klimatisierten Autos und Zügen und kuschelwarmen Bungalows? Ist nicht der Wohlstand ein sicherer Wetterschutz? Wir haben es warm und trocken und Mißernten braucht keiner zu fürchten, dafür segnet uns die Landwirtschaft aller Herren Länder ganzjährig mit allerlei Gemüsen und einer verschwenderischen Fülle von Milchprodukten. Für uns ist das Wetter doch nur noch Garant für unerschöpflichen Gesprächsstoff. So können wir nicht begreifen, was in einem der 800 Millionen chinesischen Bauern vor sich geht, wenn das Wetter nicht stimmt. Er spürt es mit jeder Faser seines Körpers. Nach dem Wetter richtet er sein Leben aus.

Seine Heimat ist nicht irgendein beliebiges Entwicklungsland, wo die Landwirtschaft noch Fundament der Volkswirtschaft ist. Chinas spezifische Agrarlage ist fatal: nur knapp 14 Prozent(!) der 9,56 Millionen Quadratkilometer großen Landfläche sind kultivierbar. Menschenleer, wie tot, überziehen Steppen, Wüsten und Bergketten die großen Weiten des Westens. Die Landwirtschaft ballt sich im Osten. Doch dort, in der fruchtbaren, regenreichen Küstenzone ringen die Ackerböden mit einem bodenfressenden Monster, das Urbanisierung heißt.

Der Nordosten ist eine der beiden Kornkammern, sie schöpft ihren Reichtum aus Schwarzerde-Böden. Den Nordwesten kennzeichnen Steppe und Tundra, auf deren salzhaltigen Böden ist jede Aussaat zwecklos. Erfreuliches hat der Südosten zu bieten. Seine grünen Marschen machen drei Reisernten im Jahr möglich. Und auf den graubleichen Podsol- und den roten Lateritböden der südlichen Hügellandschaft werden seit Jahrhunderten Terrassenfelder angelegt. Nach Überschwemmungen ist der gelbe, lehmhaltige Löß im Flußtal des 4150 Kilometer langen Gelben Flusses (Huang He) besonders fruchtbar. Hier und in der reichen Küstenprovinz Shandong ist die zweite Kornkammer. In gigantischen Monokulturen wachsen Weizen, Hirse, Mais, Sorghum *(gaoliang)* und Baumwolle.

Der Norden, ausgedörrt und faltig, ist gezeichnet von ewigem Durst. Hier fehlen die Wälder, hier wuchert kein Dickicht, hier spenden nur schnurgerade Pappelalleen gezirkelte Schatten. Hier tarnen sich graue, harte Böden unter Löß und Staub, hier entfacht jedes Sommergewitter eine kurzlebige Sintflut. Vom Gelben Fluß nach Norden verstecken die Bauern ihre Häuser hinter lehmbraunen Mauern. Hier treibt der Wind den gelben Staub der aufgerissenen Lößböden vor sich her. Ganz anders im jadegrünen Süden. Da liegen die weißgekalkten, zweistöckigen Häuser der Reisbauern im Orangenhain und hinter Palmen.

Norden und Süden könnten verschiedene Länder sein. Nicht nur das Klima und die Böden unterscheiden sich, sondern auch die Städte und Ortschaften. Südlich des Yangtse sind sie eine Verknotung von Gebäuden, Häusern und Häuschen, von Gassen und Gäßchen. Nördlich des Stroms sind sie überschaubar, streng und schachbrettartig angelegt. Die alte Kaiserstadt Xi'an (das antike Chang'an) ist typisch für die Klarheit, die den

Norden, seine Architektur und seine Menschen prägt. Die Urbanität im Norden verdeutlicht, warum das Schriftzeichen für Stadt und Stadtmauer, *cheng*, identisch ist. Das Rechteck mit seinen Ecken und Kanten symbolisiert traditionell die Erde, der Kreisbogen den Himmel. Das imperiale Kaiserreich, das war Nordchina. Hier herrschte bis auf historische Episoden die gelbe Kultur des Gelben Kaisers, des Urvaters der *han*, wie Chinesen sich nennen. Vom aristokratischen Norden aus wurde die nach außen, zum Meer gewandte, blaue Kultur des Südens befehligt. Ob das weit entfernte Südchina gehorchte, war und ist eine andere Frage.

Nordchinesen sind die Erfinder der Etikette, sie wollen gehorchen und fordern Gehorsam. Sie kennen das Wesen von Geduld, ausgedrückt in einem Schriftzeichen, das einen Dolch darstellt, der über dem Herzen hängt. Nordchinesen sind hochgewachsen, haben eine helle, schon bleiche Haut und denken so, wie sie ihre Häuser bauen: klar und einfach, Stein auf Stein. Dagegen wollen Südchinesen ausbrechen, wollen spielerisch leben und genießen. Sie sind gedrungener in der Gestalt und viel dunkler im Teint. Kantonesen könnten auf jedem Jahrmarkt ihr Hemd aufreißen und ihre Gefühle entblößen. Ihr Denken, Fühlen, Sprechen, Handeln wirkt verschlungen wie die Flüsse ihrer Heimat.

Im Norden schauen sie voller Neid und Arroganz nach Süden, denn von dort kommen die wahren Herren des Landes. Im Süden sprudeln die Quellen des Reichtums, hier läßt sich ernten: in Städten wie Hongkong, Kanton und Shanghai. Den Norden beherrscht ein großes Dorf namens Peking und ein von verlustreichen Staatskombinaten übersäter Nordosten. Der Norden ist die Heimat der Esel und Maultiere, auch Kamele soll es hier geben. Im Süden wühlt sich der Wasserbüffel durch die Reisfelder, und der Affe pirscht durch den Bambushain.

Trotz seiner eintönigen Vegetation und seines spröden Wesens hat auch der Norden seine Vorzüge. Jeder Kampf mit einer kargen Natur macht stark, stählt den Willen und macht die Menschen konsequent. Da die Nordchinesen vom Klima nie verwöhnt wurden, können sie auch noch so ungünstige Lebensumstände meistern. Ihre jahrtausendealte Kultiviertheit verhinderte stets, daß sie innerlich ausbrannten und verhärmt ihrem Lebensabend entgegendämmerten. Tief in ihrem Herzen brennt ein patriotisches Feuer, das einen Südchinesen abschreckt. Überhaupt liegen die wahre Größe, die Ideale und Sehnsüchte des Nordchinesen tief in seinem Innern verborgen. Er verbirgt sein Wesen unter einer glatten Oberfläche, was man leicht für eine Maske oder für ummauert hält.

Dennoch ist China *ein* Land, bilden Nordlichter und Südländer *ein* Volk. Diese Zusammengehörigkeit ergibt sich aus der geographischen Beschaffenheit des Riesenreiches, umschlossen von Gebirgen, Meer und Wüsten, gleichsam natürlichen Bollwerken, und einer in 4000 Jahren nie verschütteten Kultur. Hierin liegen also die Gründe, warum die beiden gigantischen und grundverschiedenen Landesteile bisher nicht in zwei China zerfallen sind.

Vielleicht ist uns der Süden sympathischer, doch europäischer ist der Norden: im Essen (ohne Hunde- und Schlangenfleisch), im Klima, im Erscheinungsbild, in der ärztlichen Versorgung und der Hygiene. Allerdings gibt es auch im Norden mittelalterliche Plumpsklos, die

Übelkeit erregen. Auch hier sollten empfindliche Seelen öffentliche Toiletten meiden, denn so etwas wie eine Trennwand oder gar Kabinen kennen Chinesen nicht. Wohlgemerkt, Extreme sind im Norden seltener als im Süden.

Das ganze Jahr über, sonntags wie werktags, treffen Sie im Süden auf einen Feind mit vielen Namen: Bali-Belly, Rangoon-Run, Hongkong-Dog, Ho-Chi-Minhs, Tokyo Trots. Bei den sachlichen Deutschen heißt er schlichtweg »Durchfall«. Mit ihm ist nie und nirgendwo zu spaßen, auch nicht im Norden, wo er zur Sommerszeit aufzutauchen beliebt. Im schlimmsten Fall zehrt ein Wurm in Ihrem Gedärm, meistens sind jedoch das mörderische Klima, Überanstrengung und öliges Essen schuld. Chinesische Kräutermedizin hilft langsam, mitgebrachte Pharmakeulen helfen schnell, und Fasten mit Coca-Cola (Spurenelemente, Elektrolyte und Wasser sind nicht zu unterschätzen) hilft am besten. Von Rohem sollten Sie die Finger lassen; wenn schon Obst, dann nie ungeschält, denn Bio-Anbau kennen die kunstdüngerbesessenen Bauern nicht. Auch der sehr verbreitete Kreislauf Plumpsklo–Feld–Markt–Eßtisch birgt Gefahren in sich.

Ungefährlich, aber teuflisch sind die Stechmücken, von denen eine einzige eine heiße Nacht zur Hölle machen kann. Jedes Kaufhaus bietet für wenig Geld Räucherwerk aus gepreßten Kräutern gegen die Mückenplage an. Wer auf eigene Faust im Süden reist, kann sich ein Moskitonetz kaufen. In der Regel wird allerorts die Hotelzimmerluft von einer Klimaanlage gefiltert.

Im Krankheitsfall hilft kein Auslandskrankenschein, sondern nur *cash*. Die guten Hotels verfügen über Ärzte oder kooperieren mit den besten Krankenhäusern der Stadt, in der Regel Polikliniken westlicher Prägung. Die ambulante Behandlung wird selbstverständlich quittiert, sie kostet auch weniger als zu Hause. Leider kommt es – auf dem Lande eher als in der Stadt – häufig vor, daß die Ärzte zur Pharmakeule, zu Antibiotika und Penizillin greifen. Aus falschem Schutzbedürfnis wird dem Durchreisenden zu schnell und gern zuviel von der westlichen Medizin verabreicht. So sollten Sie immer einen Dolmetscher bei der Behandlung im Hotelzimmer oder im Krankenhaus dabeihaben. Wer auf traditionelle chinesische Heilkunst besteht, wird sich wundern, wie wenig populär diese in ihrer Heimat ist. Ebenfalls mit Hilfe eines Dolmetschers können Sie natürlich eine traditionelle Klinik aufsuchen. Doch Vorsicht, eine Behandlung mit bitteren Kräutersäften und Akupunktur kann so langwierig sein, daß Sie den Anschluß an Ihre Gruppe verlieren. Eine kleine, wirklich kleine Reiseapotheke, die in China um Tigerbalsam erweitert werden darf, ist demnach empfehlenswert. Malaria, Cholera und Typhus gehören auch im tropischen Süden der Vergangenheit an.

Die Apotheken für westliche Medizin sind Fundgruben für Pülverchen, Dragees, Tabletten und Essenzen. Viele Medikamente werden von ausländischen Pharmakonzernen in China unter chinesischem Namen hergestellt. So bekommen Sie rezeptfrei von der Antibabypille bis zum Aspirin nahezu alles, wenn Sie sich verständlich machen können. Wer allerdings seine Sonnenschutzcreme vergessen hat, wird jemanden mit genauso wenigen Pigmenten anbetteln oder einen Strohhut kaufen müssen.

Die Apotheken für traditionelle chinesische Medizin

benötigen kein Reklameschild, sie lassen sich erschnuppern. Schon vor der Tür vermengen sich der Geruch von Kampfer, Alaun, Ingwer, Lakritz, schwer wie kalter Zigarrenrauch. Die chinesische Medizin ist keine reine Kräutermedizin, verschrieben werden auch Medikamente aus tierischen Substanzen. Der scharfe Tigerknochenschnaps *(hugu jiu)* soll gut gegen Rheuma, Gicht und Muskelkrämpfe sein. Gewiß ist nur, er heilt besser als er schmeckt. Neben mindestens 800 Kräutern werden in jeder besseren Apotheke Schlangenweine und zermahlene Ochsengallensteine in Honig als Stärkungsmittel angeboten. Pillen aus Antilopenhorn verursachen Innere Hitze, was gut gegen Erkältung ist. In den großen Apotheken bieten Ärzte ihre Dienste an: Pulsfühlen, Irisdiagnose, Zungenschau. Gegen faires Entgelt verfassen sie ein beachtliches Rezept aus acht bis zehn Kräuteressenzen, die im Laden gemischt und in Tüten verpackt werden. Immer mehr traditionelle chinesische Medikamente werden als Dragees in Fläschchen angeboten.

Der eine mag darüber schmunzeln, der andere erschauern. Tatsache ist, daß die altchinesische Naturheilkunde weltweit immer mehr Zulauf findet. Nachdem sie jahrzehntelang auf die Spezialisierung geschworen haben, wenden sich heute Ärzte im Westen verstärkt der ganzheitlichen Körperbetrachtung zu, die der chinesischen Heilkunde mit ihrer Fünf-Elemente-Lehre zugrunde liegt. Die chinesische Medizin muß ohne Skalpell und Faden auskommen, denn operative Eingriffe sind nach traditioneller Auffassung nichts anderes als ein Verstümmeln des Körpers. Männer, die sich unter Höllenqualen ihr gesamtes Geschlecht (»Die dreifache Kostbarkeit«) amputieren ließen, um am kaiserlichen Hof als

Eunuchen zu dienen, nahmen es zur ewigen Vervollständigung mit ins Grab. Noch vor fünfzig Jahren wirkte die Tradition so stark auf die Lebensgewohnheiten, daß gebildete Ärzte eine Beschneidung ablehnten, weil der winzige Schnitt den Körper versehrt hätte. Anstatt ein krankes Organ operativ zu entfernen, wird es langfristig mit Kräuterextrakten, Akupunktur und Moxibution behandelt. So wird zum Beispiel bei einem sich langsam anbahnenden Nierenversagen, im Frühstadium einer leichten Insuffizienz, das Medikament *wenpi tang* aus Rhabarber, Ginseng, Lakritz und Ingwer verabreicht.

Trotz traditioneller Tabus und ihrer nicht unbekannten Nebenwirkungen ist die westliche Medizin mit Abstand die populärere Heilmethode im Lande. Vor allem dank ihrer Diagnoseleistung. Seit Beginn der Wirtschaftsreform im Jahre 1979 werden aber wieder verstärkt Ärzte in der traditionellen Medizin ausgebildet. Ärzte, die über das Diagnostizieren von Symptomen wie Feuchte Hitze, Angriff von Wind oder verstopftes und verwickeltes Leber-qi hinaus auch Funktionskreise (wie Leber–Herz–Milz–Lunge–Niere) im Leib benennen konnten, durften in der linksradikalen Kulturrevolution aus politischen Gründen nicht mehr den Puls des Patienten ertasten.

An Forschungsinstituten in Peking und Shanghai wird mit der Verknüpfung von westlicher und östlicher Medizin experimentiert. Bei Operationen kann so die Akupunkturnadel eine Narkose erübrigen. Welch große Erfolge ohne chirurgischen Eingriff möglich sind, zeigt die Behandlung von Hämorrhoiden, einer in China weitverbreiteten Krankheit. Auch in diesem Fall wären die Ärzte ohne das Wissen ihrer Ahnen hilflos, denn die chinesische Medizin erfährt ihre Kraft aus der Empirie, aus den gesammelten Erfahrungen von Jahrtausenden. Ausgehend von der uralten Erkenntnis, daß Saures die Gefäße zusammenzieht und bittere Substanzen den Prolaps (Heraustreten eines inneren Organs) verhindern, mixt man heute eine Flüssigkeit aus Gallapfel und Alaun. Für diese Therapie brauchten die Ärzte der traditionellen chinesischen Medizin nur die alten Schriftzeichen lesen zu können, denn die Rezeptur war in den Büchern *ben cao shi yi* (»Heilkräuter-Nachlese«) aus der Tang-Zeit (618–907) und *ben cao gang mu* (»Abriß der Arzneimittelkunde«) aus der Ming-Zeit (1368–1644) niedergeschrieben. Nun destillierten die Forscher aus der Gallapfel-Alaun-Tinktur die Injektion *xiaozhiling.* Konzentriert ging alles schneller als früher: Nach den ersten Spritzen zogen sich die Gefäße zusammen, und schon nach fünf Tagen setzte die Heilung ein.

Nach der chinesischen Heilkunst ist bei einem Kranken das natürliche Gleichgewicht seines Organismus gestört, *yin & yang* können sich nicht mehr zu einem Paar verschlingen. Entweder gewinnt das weibliche Element, *yin*, die Oberhand oder das männliche, *yang.*

Der Arzt nimmt sich den Menschen als Ganzes vor – und schweigt. Er fragt nicht: »Wo tut es uns denn weh?« Zuerst legt er den Unterarm wie zum Blutdruckmessen auf ein Kissen und ertastet den Puls des Patienten. Durch Handauflegen werden heute 28 verschiedene Pulsarten oder Pulsrhythmen unterschieden. Bereits um das Jahr 280 n. Chr. wurde das Standardwerk »Über die Pulslehre« *(muo jing)* verfaßt. Der Arzt Wang Shuhe kannte damals vier Pulsarten weniger.

Der erfahrene Arzt hat ohne Stethoskop nach drei Minuten Pulsfühlen den Krankheitsherd diagnostiziert. Um ganz sicherzugehen, untersucht er noch die Iris der Augen und die Zunge. Erst jetzt fragt er den Patienten nach seinem Befinden. Die Befragung zielt darauf ab, den Zusammenhang zwischen körperlichen Symptomen und dem Gefühlsleben zu erforschen. Viele Symptome, für die die westliche Medizin und unsere moderne Psychosomatik eine eher verwirrende Erklärung haben, betrachten die traditionellen Ärzte als körperlichen Ausdruck emotionaler Störungen. So werden der Wut Verstopfung, Aufstoßen, Migräne, Augenflimmern, Bluthochdruck zugeordnet.

Im Jahre 1977 wurde diese Art Medizin, insbesondere die Akupunktur, von der Weltgesundheitsorganisation WHO in die hehre Runde von Chirurgie, Orthopädie und Zahnheilkunde aufgenommen. Um 30 v. Chr., als sich Cäsar Octavian mit der schönen Kleopatra bekriegte, hatten die Ärzte im fernen China zwar keine Ahnung vom Treiben im Mittelmeer, dafür wußten sie bereits viel über Akupunktur (lat. *acus*, die Nadel; *punctura*, der Stich), Moxibustion (lat. *moxa und bustum*, Brandstatt), Heilmassage und Atemtherapie. Zwei Bücher machten um das Jahr 25 die Runde unter den Groß- oder Staatsärzten. Es handelte sich um Bücher aus dem Pinsel des mythischen Gelben Kaisers, der um 2500 v. Chr. als göttliches Universalgenie gelebt haben soll. Das eine war *huang di nei jing* (»Die Innere Heilkunde des Gelben Kaisers«), das andere das Buch der Sexualpraktiken *huang di su wen*. Die erste Heilkunde, auf die die Ärzte noch heute zurückgreifen können, ist ein Buch des Gelehrten Li Zhuguo, in dem die kaiserliche Heilkunde und bruchstückhaft überlieferte Volksrezepte niedergeschrieben sind. Wie angesehen die Pharmakologen in der Hochblüte der Tang-Dynastie waren, belegt das alte Sprichwort »Sei ein weiser Premierminister oder ein fähiger Arzt«. In der Blüte des antiken Chinas profitierte das Heilwissen von der Öffnung des Kaiserreiches. Über die Seidenstraße gelangten indische und persische Rezepturen, Kräuter und Naturheilverfahren, aber auch persische und indische Ärzte ins Reich. Damals lernten die Chinesen die im *Ayurveda* (»Wissen vom langen Leben«) enthaltenen Heilverfahren kennen.

Spätere Kaiser übernahmen das Erbe und förderten die Heilkunde: Im Jahre 1057 gründete der Hof ein Amt für die Herausgabe und Verbreitung medizinischer Schriften. Bereits dreißig Jahre zuvor hatte man eine Bronzestatue mit eingravierten Meridianen und Akupunkturpunkten gegossen. In jener Zeit erfand ein Hofarzt die Pockenschutzimpfung, und sogar die Gerichtsmedizin etablierte sich als Disziplin.

Das Alte bewahren und Neues hinzufügen, ist das große Geheimnis der chinesischen Wissenschaft und Kultur. Anders ausgedrückt: kopieren und nachahmen und – ein Quentchen neuer Erfahrungen hinzufügen, lautet das Erfolgsrezept. Dieses in China keinesfalls anrüchige Ritual überlieferte eine wohlgeformte Pyramide historischer Werke. Das gigantische kulturelle Wissen und die Fülle von Erkenntnissen ist der Fleißarbeit von Generationen in einer einzigartigen Kontinuität zu verdanken. Gerade das Nadelstechen, die Akupunktur, dient als Beleg.

Die ältesten, in Gräbern entdeckten Akupunkturnadeln verdienen diesen Namen gar nicht. Sie bestanden aus keinem Edelmetall, weder Pieken noch Stechen war mit ihnen möglich. Da sie plump und aus Stein waren, mußten sie in der Shang- und Zhou-Zeit (1600–256 v. Chr.) als Stäbchen zur Heilmassage gedient haben.

Anstatt die Haut zu reiben und zu drücken, wird heute an 722 Körperpunkten gestochen, und zwar in die Unterhaut. Vielleicht werden es im Jahr 2000 noch mehr Einstichpunkte sein. In der Ming-Zeit waren es erst 667 Reizpunkte, die über Meridiane *(jing)* auf die inneren Organe wirken. In der Akupunktur kommt einem so peripheren Körperteil wie der Ohrmuschel zentrale Bedeutung zu. Für den unwissenden Europäer mag sie – zumal aufgrund der Trichterform – ein geniales Hörrohr sein, für den Chinesen ist sie das Abbild eines kopfstehenden Embryos. Ergo befinden sich auf der Ohrmuschel viele Punkte, die mit dem gesamten Körper korrespondieren.

Es werden zwölf gewöhnliche und acht besondere Meridiane unterschieden, von denen die meisten auf innere Organe und einige auf Haut und Muskulatur wirken. Die eingestochenen und in kurzen Abständen gedrehten Nadeln steuern die Über- oder Unterfunktion eines Organs. Ihre Frage wird jetzt sein: »Tut das weh?« Ja, es schmerzt. An einigen Punkten wie dem Nagelbett der Finger oder Zehen mehr als an anderen Punkten. Das Zirbeln der Nadeln schmerzt stärker als der Einstich.

Schmerzfrei ist die Moxibustion, bei der ein Kegelchen aus gepreßtem Beifuß knapp über der Haut abgebrannt wird. Daß diese Heilmethode nur stark riecht und nicht die Haut versengt, liegt an der Brandstatt, die auf einer eingestochenen und angenehm warmen Nadel sitzt. Durch Moxen gelangt Wärme zu den inneren Organen, gleichzeitig schlägt der Odem der Natur den

Kranken in seinen Bann. Akupunktur und Moxibustion sind die Favoriten der traditionellen chinesischen Medizin. Dem kranken Reisenden kann das Nadeln gegen Kopfschmerzen und das Moxen gegen Rheuma helfen.

Eine weitere Heilmethode ist die Atemtherapie *qigong*. Sie erinnert an Yoga, ist aber älter. *Qi*, das ist die erste Lebensenergie. Es bedeutet alles, was Luft und Energie ausmacht und kann nur annähernd mit Wind, Atem, Lebenskraft übersetzt werden. Gehen wir davon aus, daß die Lebensenergie, *qi*, die körperliche, mentale und seelische Balance der fünf Elemente Feuer, Erde, Metall, Wasser, Holz im Körper ausmacht. *Qigong*-Übungen lassen die Organe vibrieren, die Lungenatmung pflanzt sich durch meditative Versenkung zur Bauchatmung fort. Gesundes *qi* bedeutet weich fließendes Blut und das Fehlen Innerer Hitze. Den Zustand spürt der Arzt am Puls.

Die traditionelle chinesische Medizin kennt keine Grenzen, sie bringt auch Europäern Heilung. Neueste Trends besagen, daß sie in Japan, Taiwan und im Westen engagierter betrieben wird als im Land ihres Ursprungs.

Wer die Wirkung vor Ort versuchen möchte, sei gewarnt: Abgesehen vom schnellen und wirkungsvollen Nadeln gegen Kopfschmerzen ist eine Behandlung langwierig und erfordert viel eigene Anstrengung, gesund zu werden. Ein Körper, der an Pharmaka, Kaffee, Alkohol und Zigaretten gewöhnt ist, reagiert träge auf einen Kräutertrunk. Belassen wir es bei dieser Untersuchung. China ist kein Land, das krank macht.

Allerdings kann der Reisende gesund sein und sich trotzdem unwohl fühlen. Ein Grund kann falsch gewählte Kleidung sein. Synthetik läßt den Körper in der feuchten Sommerhitze schwitzen. Leichte Naturstoffe sind ideal, nicht zu eng und nicht allzu sexy. Das letztere ist nun wieder für die chinesischen Männer *ungesund.* Wenn Ausländerinnen in dieser Hinsicht auffallen, dann werden sie begafft oder gar geschnitten. Das offizielle China ist noch immer recht züchtig. Zur Reisekleidung sei noch erwähnt, jedes gute Hotel kann einen Schneider vermitteln. Auf den derben Märkten sind tüchtige Schneider leichter zu finden als schöne Seidenstoffe in den teuren Geschäften.

Körper und Geist fühlen sich gesund, und trotzdem empfinden Sie ein latentes Unbehagen. Dieses Gefühl kann der ständigen Tuchfühlung mit den ungewohnt vielen Menschen entspringen. Das Geschiebe, das Gedränge und das Angegafftwerden können eine regelrechte Xenophobie hervorrufen, gepaart mit der Angst, im nächsten Moment von einem Chinesen beraubt zu werden. Mit der Fremdenfeindlichkeit müssen Sie schon selbst fertig werden; die Furcht vor Taschendieben ist grundsätzlich berechtigt, aber oft übertrieben. Bevor ein Chinese einen Ausländer beklaut, bereichert er sich eher an seinen Landsleuten. Einen Ausländer versucht er viel eher übers Ohr zu hauen, denn das ist nicht strafbar. Auch wenn Verbrechen gegen Ausländer abschreckend hart bestraft werden, sollten Sie auf der Hut sein. Kameras, Bares und Plastikgeld an einem sicheren Ort aufbewahren. Wechselgeld sollten Sie stets nachzählen.

Gäste sollen sich wohl und sicher fühlen, das ist der ehrliche Wunsch des Gastgebers, der sich jeden devisenbringenden Besuch wünscht. In seinen Augen darf es auch Freundschaft sein. Aber nicht mit Bruderkuß und nicht zu spontan. Den Offiziellen muß Ihr Besuch unter das Motto passen »Wir haben Freunde auf der ganzen Welt«.

Was Sie über China denken und später erzählen, ist im Prinzip egal, Hauptsache, es ist nichts Schlechtes. Wer will schon gerne das Gesicht verlieren?

Soll & Haben

Der »kranke Mann des Ostens« genest. Seit 1949 steht er auf eigenen Füßen, und seit einigen Jahren kommt er erstaunlich gut zurecht. Aus der Ferne täuschen allerdings sein Tun und seine Größe über seinen immer noch labilen Zustand hinweg.

Als in Peking und Berlin noch Kaiser herrschten, wurde das Chinesische Reich vom weißen Mann als »krank« bezeichnet, und Deutsche, Franzosen, Engländer und Russen stritten sich bereits um die lukrative Erbschaft. Der damals vom Opium, von Seuchen, dem Bürgerkrieg und Hungersnöten zersetzte »Körper« wirkt heute genesen. Beim Nähertreten sind allerdings die Wunden von einst und neue Narben nicht zu übersehen. Vorsicht! Wer seine »hohe« Nase zu weit vorstreckt, läuft Gefahr, sich unbeliebt zu machen. Einen Gesundenden zu examinieren ist gefährlicher, als einen Gesunden unter die Lupe zu nehmen. Die Offiziellen tun gerne optimistischer, als es die Wirklichkeit erlaubt. Vorschnell bilden sie sich ein, daß jeder Interessierte spioniere.

Der gewichtige Patient ist ohne Frage aus eigenem Antrieb gesundet. Die Genesung ging allerdings nur mühsam vonstatten. Oft waren die chinesischen oder sowjetischen Ärzte ratlos, oft experimentierten sie mit dem »kranken Mann« wie mit einem wehrlosen Tier. Sie tauchten ihn in atemberaubendem Tempo in Wechselbäder und verabreichten ihm Medizin mal von links, mal von rechts. Momentan wird der Stärkungstrunk sowohl von rechts als auch von links verabreicht. Ob diese Art von Ausgewogenheit dem Patienten helfen kann, muß ernsthaft bezweifelt werden. Was kann eine Jahrzehnte dauernde Sozialismustherapie bei jemandem bewirken, der 4000 Jahre Feudalismus auf dem Buckel hat?

Heute ist die Genesung des bedeutenden Patienten offenkundig, doch unumkehrbar ist sie noch lange nicht. Die Seniorkommunisten schwören auf das scheinbar billigste aller Medikamente: den Kredit. Mit der teuren Langzeittherapie aus Japan und dem kapitalistischen Westen ist in China wieder Leben eingekehrt. Nicht der künstlich gesteigerte Pulsschlag verordneter Demonstrationen, sondern der Trubel von Herzen, die Lust am Geldverdienen und am Reichwerden, läßt das ganze Land vibrieren. »Geld regiert die Welt«, das kann doch kein Spruch aus der roten Mao-Bibel sein? Gleichwohl kennt ihn jedes Bäuerlein aus der tiefsten Provinz. Die cleversten Söhne und Töchter des legendären Ackerbaugottes Shen Nung machten sich diesen Spruch zu eigen und verließen die Scholle, um als Bau-, Transportunternehmer und Manager privatisierter Staatsbetriebe reich zu werden.

Die Städter gründeten Karaoke-Bars, Textil- und Schuhfabriken, Taxiunternehmen und eröffneten Restaurants und Läden. Auch sie kamen zu Reichtum, weil sie dem Händlerinstinkt ihrer Ahnen folgten und sich auf eigenes Risiko schon sehr früh von der sozialistischen Befehlsplanwirtschaft abnabelten. Heute nennt sich so mancher dieser Pioniere einen »großen, reichen Mann«, *dakuan*. Man staune, über eine Million Millionäre soll es bereits im sozialistischen China geben. Während die Kommunistische Partei (KPCh) die Losung von der »sozialistischen Marktwirtschaft« propagiert, gebärden sich die Reichen längst wie Superreiche. Sie spekulieren mit Aktien, sie reisen, wohin sie wollen, sie kaufen und verkaufen Immobilien, und sie gründen Joint-ventures mit Ausländern. Warum – die Frage drängt sich auf – hält die Partei des Proletariats still? Weil sich in der Parteispitze politische und wirtschaftliche Macht verzahnen. Die Clans der hohen Kader profitieren von der Vetternwirtschaft, die den Mehrwert abschöpft wie die Bäuerin den Rahm von der Milch. Nach außen tritt die Institution, *danwei*, als Eigentümer auf, tatsächlich ist es aber die neue Klasse der Besitzenden.

Mächtiger, weil kapitalträchtiger als die KPCh ist das Militär, Volksbefreiungsarmee genannt. Unter Mao Zedong (1893–1976) hieß es »Die politische Macht kommt aus den Gewehrläufen«. Heute hat sich die mannschaftstärkste Armee der Welt auf das Geldverdienen verlegt. Ihr gehören die Konzerne »Xinxing« und »Poly« sowie 20000 Firmen, Hotels, Clubs und Bars. Unterstellen wir den Generälen nichts Böses. Vielleicht halten sie es ja immer noch mit der Verteidigung und investieren die Gewinne in russische Waffentechnik und ihren Herzenswunsch, einen Flugzeugträger.

Galt China einst als »kranker Mann des Ostens«, so muß man heute die KPCh als »krank« bezeichnen. Mehr noch, sie ist todkrank und nur durch Infusion noch am Leben zu halten. Da sie ihre Medikamente von den Reichen – mit und ohne Parteibuch – auf Pump bekommt, ist sie von diesen abhängig. Traurig, aber wahr, die in den fünfziger Jahren vom Volk umjubelte Partei ist heute nicht mehr und nicht weniger als der Polizist der Reichen. Reglementiert dieser Polizist das quirlige, umtriebige Volk, dann fließt der Verkehr zur Zufriedenheit der Geldgeber, und der Schutzmann erhält seinen Sold. Die Losung »sozialistische Marktwirtschaft« verbrämt diesen traurigen Umstand. Ja, die große Partei ist zu einem Polizisten verkommen, der im großen Durcheinander einer jungen Marktwirtschaft ein löchriges »sozialistisches« Uniformmäntelchen trägt und heiser harsche Kommandos brüllt. Es kommt der Tag, da fließt der Verkehr wie von selbst.

Einst trat die KPCh als Übervater auf und stillte den Hunger des Volkes. Für den artigen Bürger stand die »eiserne Reisschale« bereit. Gigantische Staatskombinate schufen für 110 Millionen Arbeiter unkündbare, lebenslange Arbeitsplätze. Nach dem »Reisschalen«-Prinzip durften die rund 430000 mittelgroßen und großen Staatsbetriebe nicht einmal den Faulsten und Unfähigsten entlassen; wurde ein Arbeiter pensioniert, dann durfte sein Kind den freien Arbeitsplatz einnehmen. Umgekehrt war ein Arbeiter oder Angestellter zeitlebens an seinen Arbeitsplatz gefesselt.

Seit dem Jahre 1979 wächst im Schoß der staatlichen Planwirtschaft die Privatwirtschaft heran und erwies sich schon bald als gesund und munter. Mit der alten KPCh krankt auch ihre Planwirtschaft: Die Staatsbetriebe produzieren nur noch ein Drittel aller Industriegüter und drohen zu Sozialhilfeempfängern zu verkommen, denn sie verzehren drei Viertel des Bruttoinlandproduktes. Würden 70 Millionen Arbeitsplätze in den Staatsbetrieben nicht subventioniert, schnellte die Arbeitslosigkeit blitzartig in die Höhe. Die KPCh trägt schwer an dieser sozialistischen Bürde. Die parteipolitisch besetzten

Staatsministerien wollen ihre Kontrolle über die hochverschuldeten Staatsbetriebe nur zögernd abgeben, um nicht ihre eigene »eiserne Reisschale« zu verlieren. Halbherzige Vorschläge wie Ersetzung der Planwirtschaft durch ein Steuersystem (Körperschaftssteuer, Grundsteuer, Kapitalsteuer etc.) soll ihren Einfluß aufrechterhalten. Ein geradezu evolutionärer Sprung nach vorne wäre es, diese überlebten Staatsgiganten zu verwandeln. Da bieten sich Aktiengesellschaften an; auch die Belegschaften oder private Investoren aus dem In- und Ausland könnten viele Arbeitsplätze retten. Noch fünfzig Jahre kann es dauern, bis diese Umgestaltung abgeschlossen ist. Mehr als ein halbes Menschenleben! Nun ja, China läßt sich Zeit mit dem Aufräumen der Trümmer seiner überlebten Planwirtschaft. Geduld und Zuversicht sind angesagt, denn am Fundament für das »Haus der Demokratie« wird ernsthaft gebaut.

Letztlich war es die kapitalistische Marktwirtschaft, von Deng Xiaoping (1904–1997) initiiert, die den »kranken Mann des Ostens« wieder fit machte. Westliche Prognosen greifen weit. In zwanzig bis dreißig Jahren soll China der vierte *global player* auf dem Weltmarkt sein. Der Optimismus ist nur dann berechtigt, wenn die zehnprozentige Wachstumsrate der chinesischen Volkswirtschaft anhält. Vieles spricht dafür, vor allem die 140000 Joint Ventures mit 17 Millionen Beschäftigten. Sie sind das Rückgrat des zukünftigen Aufschwungs. Hinter den USA, Japan und Hongkong ist Deutschland mit über tausend Joint Ventures in China vertreten. Vom U-Bahnbau über Solarkollektoren und Autos bis hin zur Stahlfertigung reicht die Palette.

Die Öffnung gen Westen und der chinesische Unternehmergeist haben China in der lächerlich kurzen Zeitspanne von 15 Jahren an die Schwelle eines Industrielandes katapultiert. Doch Reichtum und Wohlstand, für Chinesen so wichtig wie ein langes Leben, erzielte und erzielt nicht jeder. Für viele Menschen verschlechterte sich sogar das Leben aufgrund der Teuerung und der Verknappung von Ressourcen. Die größten volkswirtschaftlichen Probleme stellen ein Heer umherziehender Wanderarbeiter ohne festen Wohnsitz und die Ausbreitung von Armutsregionen dar. Die ärmsten Gebiete, Dingxi in der Provinz Gansu und das Xiji–Haiyun–Guyuan–Dreieck im Autonomen Gebiet der Ningxia- und Hui-Nationalität, sind wie andere Autonome Regionen auf gewaltige Subventionen angewiesen.

Laut Verfassung haben die fünf Autonomen Regionen (Tibet, Xinjiang, Ningxia, Innere Mongolei, Guangxi) wie die der Zentralregierung direkt unterstellten Städte Peking, Shanghai, Tianjn und Chongqing eine Selbstverwaltung, unterliegen aber der landesweit einheitlichen Rechtsprechung. Die in den fernen Grenzgebieten lebenden Nationalitäten dürfen offiziell ihre eigene Sprache und Schrift ausüben, und die Industrie- und Agrarproduktion dieser Randgebiete ist Bestandteil des nationalen Fünfjahrplans. Doch es zeigt sich ein wachsendes Gefälle. Von allen Investitionen erhielten die zwölf reichen Küstenprovinzen 64 Prozent, die neun zentralen Provinzen noch 23 Prozent und die neun Randprovinzen beziehungsweise Autonomen Regionen nur noch 13 Prozent. Dieses Gefälle spiegelt sich in der Geldbörse des einzelnen. Im Durchschnitt verdient ein Bauer im Landesinneren fünfmal weniger als ein Shanghaier oder Kantonese.

Die Lust am Geldverdienen wurzelt in der Feudalgesellschaft. Früher opferte man dem Geldgott Caishen. Nun ist Reichtum etwas Feines und Erstrebenswertes. Auch wenn es in der Bibel heißt, daß leichter ein Kamel durch ein Nadelöhr gehe, denn daß ein Reicher ins Reich Gottes komme. Und ungeachtet dessen, daß der Buddhismus ein Armutsgelübde kennt. Reichtum erfordert moralische und ethische Stärke, auf Staatsebene zudem demokratische Kontrolle. Der Sozialismus hat beides ausgehöhlt, so daß Korruption allerorts wie eine Seuche wuchert. Wer heute wirtschaftlich stark werden will, braucht Vitamin B, nein Vitamin B hoch zwei, *guanxi*, Beziehungen genannt.

Der alte Geldgott Caishen wird nur noch von den Gaunern angebetet. Sei es beim Pressen von CD-Raubkopien, beim Schmuggel von Antiquitäten über die Taiwanstraße oder beim Schwarzmarktverkauf von Pornovideos, falschen Rolex-Uhren und geschmuggelten Autos. Betrug, Steuerhinterziehung und Korruption sind keine Delikte der kleinen Leute, sondern treten immer wieder bei Regierungsbeamten, Angehörigen von hohen Kadern und Betriebsmanagern auf. Herausragendes Beispiel: der ehemalige Bürgermeister von Peking, hauptverantwortlich für die Niederschlagung der Tiananmen-Bewegung vom 4. Juni 1989.

Anfangs gaben die Orthodoxen in der KPCh der Öffnungspolitik die Schuld für die massive Wirtschaftskriminalität. Doch in Wirklichkeit ist es die Wiedergeburt einer feudalen Tradition. »Auch wenn ein Kreismandarin drei Jahre lang als unbestechlicher Beamter gilt, hat er sich seine Taschen mit 100000 astreinen Silbertael gefüllt«, sagt die alte Spruchweisheit. Das Streben nach

Reichtum ist mit seiner Licht- und Schattenseite so alt wie die Legende vom Gelben Kaiser.

Wer durch und durch korrupt war, mußte im feudalen China mit Bastonade und nicht selten mit Enthauptung rechnen. Nach der konfuzianischen Auffassung waren alle Betrüger Strolche, die sich nicht dem Sittenkodex beugten, der die Gesetze bestimmte. Verbrechen waren demnach keine Straftat in westlichem Sinn, sondern eine moralische Verletzung der protokollarisch festgelegten Beziehungen zwischen den Menschen. War der Kriminelle ein kaiserlicher Beamter, also jemand, der die »Arme und Beine des Himmelssohns« verkörperte, dann erwartete ihn die Folter, weil er als »Gewissen des Reiches« versagt hatte. Da früher die Lehnsherren und Adligen als Richter fungierten, wurde so manches »Gewissen« recht gewissenlos geschont oder verurteilt.

Der erste vollständig erhaltene Rechtskodex stammt aus der Tang-Dynastie und umfaßt 500 Paragraphen. Dieser Kodex ist eine hierarchisch abgestufte Skala spezieller Strafen. Der Richter sollte nicht die Schuld abwägen und Recht sprechen, sondern anhand von Modellen, die ihm der konfuzianische Sittenkodex lieferte, das Wesen der Tat freilegen, indem er diese mit den niedergeschriebenen Fällen verglich.

Dieser traditionellen Rechtsauffassung entspricht eher das sozialistische Klassenrecht sowjetischer Prägung als der 1979 eingeführte abendländische Rechtsbegriff mit Strafgesetzbuch, Strafprozeßordnung und dem Grundsatz »im Zweifel für den Angeklagten«. Würden die modernen Richter gegen einen Caishen wie in alten Zeiten vorgehen, dann hätten sie dem Bauern ein Lob aussprechen müssen, der seinen stehlenden und ewig prügelnden Sohn erschlagen hat, weil er dessen unsittliches Treiben beenden wollte. Auch in China müssen zeitgemäß urteilende Richter erziehen, deshalb mußten sie den Vater wegen Totschlags verurteilen.

Auf dem Lande reden sich die Bauern nicht mehr mit »Genosse« *tongzhi*, an. Auch die Volkskommunen, die Produktionsbrigaden und die Produktionsgruppen gehören der Vergangenheit an. Heute sprechen alle stolz von der Eigenständigkeit ihres Hofs, von der privatwirtschaftlichen Hilfe untereinander und davon, daß es ihnen besser geht als zu Maos Zeiten. Die örtlichen Versorgungs- und Absatzgenossenschaften für die Beschaffung und Ausgabe von Kunstdünger, für den Transport vom Dorf in die Stadt und für die Lagerung der Ernte preist die KPCh als sozialistische Errungenschaft. Tatsächlich sind sie nicht großartiger als die Hilfe zur Selbsthilfe eines Friedrich Wilhelm Raiffeisen von 1870.

Die Kollektive gehören der örtlichen Bauernvereinigung oder Landsmannschaften. Die dörfliche Glaserei, die Tankstelle, die Landmaschinen-Reparaturwerkstatt, der Kindergarten, das Krankenhaus und die Schule sind manchmal noch kollektives Eigentum der Kreise. Obwohl die 800 Millionen Landbewohner von den Wirtschaftsreformen profitieren, wird ihr Lebensstandard noch immer von Überschwemmungen und Dürren bedroht.

Nur widerwillig bauen die Bauern auf ihren kleinen Pachtäckern (statistisch gesehen kommt auf jeden Landbewohner ein »Garten« von 800 Quadratmetern) Getreide wie Reis, Weizen und Mais an, um ihr Abgabesoll an den Staat zu erfüllen. Viel lieber würden alle Gemüse, Erdnüsse und Gewürze anbauen oder eine Karpfen- beziehungsweise Schweinezucht betreiben, denn Spezialisierung verheißt mehr Gewinn. Doch die Versorgung von 1,2 Milliarden Menschen erfordert viel Getreide. China muß jährlich Millionen Tonnen Getreide importieren. Der Ackerboden schwindet durch die rasante Ausbreitung der Städte und den gewaltigen Straßenbau. So bieten die Äcker nur noch 460 Millionen Bauern Arbeit, was eine starke Landflucht zur Folge hat. Inzwischen arbeiten rund 100 Millionen ehemalige Bauern in sieben Millionen ländlichen Betrieben, und nochmals 150 Millionen zählt das Heer der Ex-Bauern, die von Baustelle zu Baustelle ziehen und vorübergehend in flüchtig gezimmerten Baracken am Rande der Großstädte leben.

Um die Landflucht zu bremsen, werden alte Dörfer umgemodelt und zu ländlichen Metropolen zusammengefaßt. Diese Reißbrettstädte sollen das Stadt-Land-Gefälle verringern und dem bäuerlichen Hinterland eine großstädtische Note geben. In den vergangenen dreißig Jahren wurden viele Erfahrungen im sogenannten Investbau gesammelt. Mit Hacke und Spaten, mit Bulldozer und Betonmischer wurden Stauseen, Kanäle, Straßen, Wohnsiedlungen und Terrassenfelder angelegt. Diese und alle zukünftigen Erdbewegungen sind in ihrem Wert nur voll zu begreifen, wenn man sich vor Augen hält, daß in China mit den Erträgen von ganzen sieben Prozent der Welt-Ackerbaufläche 23 Prozent der Weltbevölkerung ernährt werden.

Die Landwirtschaft hat ein wechselvolles Schicksal hinter sich. In den Jahren 1949 bis 1957 wurde durch eine Bodenreform das feudale, zum Teil noch auf Leibeigenschaft beruhende Eigentum an Grund und Boden landesweit abgeschafft. Anschließend wurden mit dem »Großen Sprung nach vorn« die kleinbäuerliche Bodenbewirtschaftung sozialisiert, die wichtigsten Produktionsmittel vergesellschaftet und die genossenschaftliche Wirtschaft mit 54000 Volkskommunen aufgebaut. Nicht alles ist dahingeschmolzen. Die bäuerlichen Haushalte und Dorfgemeinschaften profitieren heute von den kollektiv angelegten und finanzierten Infrastruktureinrichtungen, die das Rückgrat des Landes bilden.

De jure – um die Ausbeutung des Menschen durch den Menschen abzuschaffen – ist der Boden Eigentum des Kollektivs, de facto ist er auf mindestens 15 Jahre, in der Regel auf Lebenszeit an die Bauernfamilien verpachtet. Die wichtigsten Produktionsmittel sind aus Staatseigentum in den Besitz der Kreise und Dorfgemeinschaften oder von Privatleuten übergegangen. Da nach wie vor die Verteilung nach der Leistung praktiziert wird, erhält jeder Bauernhaushalt, der die mit der staatlichen Ankaufsstelle vereinbarten Erträge abgeliefert hat, Geld oder einen Steuernachlaß als Prämie. Eine vertraglich fixierte Quote der Ernte muß jede Familie abliefern, ansonsten heißt es aus eigener Tasche draufzahlen. Ihren Überschuß können die Bauern nach eigenem Gutdünken selbst verbrauchen, auf dem freien Markt anbieten oder zu einem garantierten Mindestpreis an den Staat verkaufen.

Waren die Preise für Reis, Weizen und Baumwolle früher staatlich fixiert, so sind sie heute größtenteils frei und unterliegen wie die Preise für Gemüse, Fleisch und Fisch den Marktschwankungen, allerdings werden sie noch immer vom Staat subventioniert. Die Preise für wichtige Roh- und Brennstoffe sind im Staatsplan festgeschrieben, und nur der von den Herstellern eigenständig abgesetzte Überschuß unterliegt den Marktschwankungen.

Kollektivierung und Staatspacht waren die Herausforderungen der vergangenen Jahrzehnte, Industrialisierung heißt die Herausforderung der Zukunft. Ob dem Agrarland China der Sprung in den Rang eines der asiatischen »Tigerstaaten« gelingt, hängt letztlich nicht von den Städtern, sondern von den Menschen im Hinterland ab. Vielleicht, man wagt es kaum zu glauben, macht eines Tages sogar die Bauerndemokratie im ganzen Land Schule, denn auf dem platten Land wird alle drei Jahre das Dorfverwaltungskomitee demokratisch gewählt.

»Rettet, rettet die Kinder«

Allein die Skyline von Shanghai zeugt von einem Wirtschaftsaufschwung in knapp zwanzig Jahren, für den die USA fünfzig und Japan 35 Jahre brauchten. Nach einer OECD-Prognose soll China im Jahre 2025 mit der Wirtschaftsmacht USA gleichziehen. Welch eine Ohrfeige für viele der China-Watcher, China-Experten und Sinologen im Westen! Unbeirrt vom Pessimismus in der satten Welt, ergriff ein Volk die Initiative. China, unter den orthodoxen Kommunisten ein Vakuum, entwikkelte eine Kraft, wie sie einem Bambussprößling innewohnt, der aus der Erde stößt. Die Politik der Öffnung nach dem Westen verwandelte ein Volk.

Mit den Ansprüchen ist auch der Einsatz gestiegen, diese zu befriedigen. Um die vorherrschende Stimmung zu verdeutlichen, erzählen kritische Chinesen gern von jenem Bauer, der seinen Acker so versessen nach Gold umgräbt, daß er nicht merkt, wie ihm Frau und Kinder weglaufen.

Besser zu leben, besseres Essen und geräumigeres Wohnen spornt die Menschen zu erstaunlichen Arbeitsleistungen an. Früher erschöpfte sich der »kleine Wohlstand« in einer Armbanduhr, einem Fahrrad und einer Nähmaschine. Heute müssen es Farbfernseher, Stereoanlage, Kühlschrank und schöne Kleider sein. Dafür geht jeder nach dem offiziellen Arbeitstag kleinen, privaten Nebenverdiensten nach. Zweifelsohne ist das Stadtleben erheblich teurer geworden, vor allem die Mieten und die Preise für Lebensmittel. Auch die Löhne sind gestiegen, und das Angebot an Gemüse, Obst und Fleisch ist heute üppig. Da nur eine Elite ein Auto besitzt, ist das Hauptvergnügen der Städter, den freien Tag mit Shopping zu verbringen. Nach stundenlangem Schieben und Drängeln im Bus, der U-Bahn und zwischen überquellenden Theken hindurch, rolltreppauf, rolltreppab, bietet sich der Besuch eines Restaurants oder eines Imbiß an. McDonald's und Pizza-Hut sind bei den Jungen (und weniger Betuchten) sehr gefragt.

Die große Gleichheit – gleich arm, gleich gekleidet – der früheren Jahre ist verschwunden, doch die Menschenmassen auf dem Stadtplaneten lassen die Menschen unverändert als Kollektiv erscheinen, und der Reisende schüttelt verwundert den Kopf, wenn die KPCh vor »übertriebenem Individualismus« warnt. In dem Maße wie die Nation von sich reden machte, ist auch der einzelne selbstbewußter geworden. Noch schöpft er aus dem neugewonnenen Nationalstolz einen einseitigen, materiell bestimmten Eigennutz. Wie wird das morgen sein? Wird morgen das geistige und kulturelle Defizit überwunden sein? Wirtschaftlich ein blühender Garten, ist das China der Wirtschaftsreformen eine kulturelle Wüste und der Ruf nach Demokratie ein »politischer« Schrei nach Wasser. Wann endlich darf gehofft werden?

Zu ihrer eigentlichen Kultur zu finden muß für die chinesische Zivilisation ein langer Weg sein. Bereits der berühmteste moderne Literat, Lu Xun (1882–1936), verzweifelte: »Wie kann ein Mensch wie ich nach viertausend Jahren Menschenfresserei jemals hoffen, wirklichen Menschen zu begegnen?« Mit schwermutsvollem Blick auf die mißachtete Tradition formulierte der Essayist im Jahre 1918 dennoch seine Hoffnung: »Vielleicht gibt es Kinder, die noch kein Menschenfleisch gegessen haben. Rettet, rettet die Kinder.«

Die Kinder der Kinder der Kinder brauchen nicht mehr zu hungern und zu frieren. Sie haben erst mal alle Chancen, Ideale und Hoffnungen in der Zukunft zu verwirklichen. Für sie kann sich das, was heute noch der simple Wunsch nach Rechtssicherheit ist, zum Wunsch nach Demokratie und Humanität ausformen. Chinas Reformpolitik wurde auf der Seinsebene begonnen. Gewiß wird sie auf der Bewußtseinsebene fortgesetzt, fragt sich nur, wann!

Die chinesische Zivilisation kennt seit alters das menschliche Mitgefühl, *ren qing*, und die Menschlichkeit, *ren dao*. Eine gute Voraussetzung, um nach all den Wirtschaftsreformen kulturelle Reformen einzuleiten. Die Kinder Chinas sind gerettet, jetzt müssen sie erwachsen werden, dann können sie den Kannibalismus beenden. Diese Herausforderung wird zur Herausforderung des nächsten Jahrtausends. Mit Widerstand ist zu rechnen. Der Polizist, die KPCh, wehrt sich mit Macht, brotlos zu werden. Aber auch im Volk, das nach Rechtssicherheit verlangt, findet sich Widerstand gegen eine umfassende demokratische Neuerungsbewegung. Verwurzelt in der feudalen Tradition, verweigern sich viele, die Welt »zu bewegen«, denn seit Kaiserszeiten wird »Bewegung« mit Umsturz, Chaos in Verbindung gebracht. Im chinesischen Sprachgebrauch setzt sich das Wort »Revolte« aus

»Bewegung«, *dong*, und »Chaos«, *luan*, zusammen. Loslassen, Fließenlassen, Revoltieren wird traditionell abgelehnt. Ähnlich verhält es sich mit der Freiheit, die für uns so wichtig ist wie das tägliche Brot. Für Chinesen beinhaltet Freiheit, *ziyou*, in der Tendenz etwas Egoistisches und Anarchisches, nämlich »von sich selbst ausgehend«, sinngemäß, »tun und lassen, was man will«. Da diese Auffassung vom politischen System unabhängig ist, trifft man sie auch auf Taiwan an. Deng Xiaoping hatte mit seinen Wirtschaftsreformen stets Stabilität und Einheit im Auge. Niemals zielte er auf die Schaffung eines freiheitlichen und individualistisch geprägten Staatswesens. Dafür erntete er den Beifall vieler, vor allem der Bauern. Erst wenn *ziyou* einen neuen Inhalt gewonnen hat, wird die Menschenrechtsdebatte verstummen.

Die Vergangenheit nutzbar machen, aus dem Alten für das Neue schöpfen. Im altchinesischen Denken verbirgt sich ein Schatz: Die Lehre des Pädagogen und Staatsdenkers Konfuzius. Er sprach von Menschlichkeit, *ren*, und meinte damit, ein Stück von dir ist auch in mir. Sein Denken, neu durchdacht und neu belebt, könnte helfen, die kulturelle Wüste zu bewässern.

Konfuzius, unter Chinesen als Kong Qiu bekannt, soll der Überlieferung zufolge im Jahre 551 v. Chr. im Dorf Zouyi, Provinz Shandong, geboren sein. Sein Vater Shu Lianghe diente im Staate Lu als untergeordneter Militärbeamter. Er starb, als Konfuzius drei Jahre alt war. Nach Ansicht heutiger Konfuzius-Forscher war der frühe Verlust des Vaters ausschlaggebend für den überragenden Stellenwert der Familienpietät in Konfuzius' späterem Denken.

Bereits mit 15 entschloß er sich, Gelehrter zu werden.

Erst im Alter von fünfzig errang Konfuzius den formalen Status, um seine großen Ideale zu entwerfen. Im Jahre 502 v. Chr. wurde er zum Justizminister ernannt und bekleidete somit eines der sechs höchsten Ämter in seinem Heimatstaat. Fünf Jahre später fungierte er als Premierminister des kleinen, zwischen den Reichen Qi im Norden und Song im Süden gelegenen Königreiches Lu. Doch selbst als mächtigster Minister konnte er sein Ideal, die »Große Harmonie unter dem Himmel«, nicht durchsetzen, denn König und Hof erwiesen sich bald als die eigentlichen Urheber von Unmoral und Sittenverfall.

Konfuzius war empört: Zusammen mit seinen engsten Schülern ging er auf Wanderschaft durch die Staaten nördlich vom Yangtse-Fluß. Indem er sich selbstlos in den Dienst unterschiedlicher, zum Teil verfeindeter Königshäuser stellte, beabsichtigte er, den Partikularismus zwischen den Staaten zu überwinden. Immer wieder mahnte er die Herrscher: »Wo Bildung Wurzeln schlägt, wird es keine Unterschiede der Klassen geben.«

Zum richtungweisenden Aufenthalt auf seiner 14jährigen Aufklärungsreise sollten die Monate am Hof des Herzogs von Chu werden. Hier wies man ihm eine Arbeit in der herzoglichen Ahnenforschung zu, und schon bald entwickelte er sich zu einem wahren Meister der alten Riten, die man *li* nannte und die Sinn und Ordnung repräsentierten. Er prägte das Wort: »Wird das Volk durch Tugend geleitet und wird durch *li* Ordnung gehalten, so hat das Volk Sinn für Ehre und Respekt.«

Da Konfuzius aber kein Herrscherhaus nachhaltig für seine anspruchsvollen Ideen begeistern konnte, kehrte er nach Qufu zurück, um sich dem Studium alter Schriften zu widmen. Hier gründete er ein Seminar, wo über 400

Schüler unterrichtet wurden. Zweiundsiebzig von ihnen bezeichnete er als »vollkommene Schüler«. Sie beherrschten jede Disziplin seiner Körper und Geist formenden Erziehung: Riten, Musik, Bogenschießen, Wagenlenken, Geschichte und Mathematik.

Die Überlieferung schreibt Konfuzius die Zusammenstellung und Redaktion der sechs konfuzianischen Klassiker zu: »Buch der Riten« (*li ji* oder *zhou li*), »Buch der Oden« *(shi jing)*, »Buch der Urkunden« *(shu jing)*, »Buch der Wandlungen« (*yi jing*, im Westen bekannt als *I Ging*), das früh verlorengegangene »Buch der Musik« *(yue jing)* und die »Frühlings- und Herbstannalen« *(chunqiu)*.

Sicher wissen wir, daß er die Geschichte der Chunqiu-Zeit anhand der Reichsannalen des Staates Lu persönlich redigierte und kompilierte. Aber die entscheidenden Traktate des Konfuzianismus entstanden erst nach seinem Tod. Seine Schüler entnahmen dem »Buch der Riten« zwei Kapitel und gaben diese separat als »Große Lehre« *(da xue)* und »Goldene Mitte« *(zhong yong)* heraus. Die weitaus größte Publizität erzielten später die »Erörterungen und Gespräche des Konfuzius« *(lun yu)*. Diese Sammlung von Texten gehört seit der Etablierung des Neokonfuzianismus in der Song-Zeit zu den klassischen »Vier Büchern« *(lun yu, da xue, zhong yong, mengzi)*.

Im Konfuzianismus gilt der Mensch als Herr der Schöpfung. Obgleich sterblich, ist er Himmel und Erde ebenbürtig. Zusammen mit Himmel und Erde bildet er das »Trio der Genien«. In dieser Hinsicht erweist sich Konfuzius als Erneuerer uralter animistischer Auffassungen, wonach der Kosmos von unzähligen unsterblichen Wesen belebt wird: Jede Blumenart verfüge gleichsam als Pate über eine Fee im Himmel. Und jeder Baum, jeder

Mensch, jeder Berg, jeder Fluß und jede Schildkröte würden mit dem Erreichen eines hohen Alters von selbst unsterblich. Mit anderen Worten, sie verwandelten sich in einen Genius, einen Erzeuger mit göttlichen Eigenschaften.

Das Leben wird mit einem Gefäß verglichen, und solange sich der Geist im Gefäß befindet, ist der Tod fern. Ein Mensch, der lebt, verfügt naturbedingt über Leidenschaften und Begierden. Es gehört zum Wesen des Menschen, nach Erkenntnis, aber auch nach Wasser zu dürsten. Und genauso plagt ihn das Verlangen nach gesottenem Fleisch mit Bambussprossen, nach wohlklingender Musik und körperlicher Liebe.

»Das Maß des Menschen ist der Mensch«, lautet die Kernaussage des Konfuzianismus, der sich an Menschlichkeit, Güte, Tugend und am Sinn für Moral orientiert. Seine Gesamtbetrachtung kreist um die Kultivierung des Einzelwesens. Werte und Normen werden von diesem auf die Familie und von dort auf die Gesellschaft übertragen. »Junge Leute müssen erst einmal lernen, ihrer Familie Pietät und der Öffentlichkeit Respekt entgegenzubringen; sie sollen sich gewissenhaft benehmen und anständig aufführen, jedermann gern haben und mit liebenswürdigen und vornehmen Männern Umgang pflegen. Wenn sie dieser Empfehlung folgen und dann noch Zeit übrig ist, mögen sie Bücher lesen.«

Konfuzius ging davon aus, daß alle zeitgeschichtlichen Entscheidungen letztendlich von den Ideen, Gefühlen und Charakteristika des einzelnen Menschen abhängen. Dementsprechend sah er einen engen Zusammenhang zwischen dem Frieden und der moralisch einwandfreien Pflege des privaten Lebens. Ein Ratschlag für seine Schüler lautet: »Vom Kaiser bis hinab zum gemeinen Mann ist die Pflege des persönlichen Lebens die Grundlage von allem. Ist die Grundlage nicht in Ordnung, dann stimmt auch der Oberbau nicht. Die Ordnung der Reihenfolge kennen heißt den ersten Schritt zur Weisheit tun.«

Verglichen mit der Philosophie seiner abendländischen Zeitgenossen, der griechischen Vorsokratiker, wirkte und dachte Konfuzius pragmatisch. Sein Thema war das Leben in der Gemeinschaft, das Leben vor dem Tod. Für ihn hatte die Geschichte der Ereignisse Vorrang vor der Geschichte der Ideen. Konsequenterweise orientierten sich seine Moralvorstellungen am Funktionieren der Clan-Gesellschaft seiner Zeit: Menschlichkeit, Pflichtgefühl, Weisheit, Zuverlässigkeit und zeremonielles Benehmen.

Nach abendländischen Maßstäben läßt sich Konfuzius als Agnostiker bezeichnen, das heißt, er ließ nur die sinnlich nachvollziehbaren Wahrnehmungen gelten. Transzendentes Gedankengut war ihm fremd, und seine Lehre entbehrt jeglicher Religiosität. So bleibt die Frage, warum der Konfuzianismus zum Kern der chinesischen Zivilisation werden konnte und diese bis heute entscheidend prägt.

Der französische Sinologe Marcel Granet (1884–1940) brachte die traditionelle Kultur Chinas auf die Formel: »Weder Gott noch Gesetz« und meinte damit, daß weder Religion noch Rechtspflege dem Reich der Mitte zu einem differenzierten Funktionieren des Gesellschaftslebens verholfen hätten. Die Macht der konfuzianischen Sittenlehre bestand darin, daß sie sich nicht auf göttliche Sanktionen, sondern auf eine pragmatisch geprägte Einsicht in den Sinn des Lebens gründete.

Obwohl Konfuzius im Menschen den genialsten Entwurf der Schöpfung sah, ging er von der Bindung des Menschen an die Natur aus. Sein »Naturalismus der Vernunft« spiegelt sich in folgender Weisheit chinesischer Frauen wider: »Andere haben uns geboren, und wir gebären andere. Was sollen wir sonst tun?«

Die Ehrfurcht der Mütter und Väter vor der Natur, ihrer Ausgewogenheit und Harmonie, fehlt heute, weil der Konsum den naturentwöhnten Menschen hypnotisiert. Wo einst taoistische und buddhistische Einsiedler vor vielen Pilgern die lebensnotwendige Harmonie zwischen Mensch, Staat und der Natur demonstrierten, lassen heute chinesische Touristen ihre Alu-Dosen, Zigarettenschachteln und Plastiktüten im hohen Bogen ins Unterholz wandern; das geschieht nicht unbewußt, sondern höchst selektiv. Niemals landet eine Cola-Flasche mit Schraubverschluß am Wegesrand, weggeworfen wird immer nur einheimisches Verpackungsmaterial. Mit der Industrialisierung hat die vielseitige Ausbeutung der einst als mythisch verehrten Natur rapide zugenommen. Trotzdem wird China nicht im Müll versinken, denn was die einen wegwerfen, heben die anderen auf. Das alte Prinzip »Auf Unordnung folgt Ordnung« ist lebendig wie eh und je.

Konfuzianismus und Taoismus strebten beide nach einer vernünftigen Beherrschung des Ego und nach seiner Befreiung von Begierden und Wünschen. Trotzdem dürfen wir keine der beiden Lehren als sinnenfeindlich betrachten. Auch die Taoisten suchen nach einem guten Einvernehmen der Menschen ohne Vorschriften und Gesetze, denn weder mit abstrakten Appellen an den Gehorsam noch durch die reine Vernunft sei der soziale

Friede zu garantieren. Nur die Schicklichkeit des einzelnen könne Harmonie im Gemeinschaftsleben bewirken – darin waren sich Taoisten und Konfuzianer immer einig.

Beide Seiten vertreten die Ansicht, daß sich eine Gesellschaftsordnung nur dann in gutem Einvernehmen mit den kosmischen Kräften und Gesetzen entwickelt, wenn sie dem Prinzip einer universellen Verständlichkeit folgt. Die Taoisten, heute vertreten in den beiden Gruppen »Volle Wahrheit« *(quanzhen)* und »Rechte Einheit« *(zhenchyi)*, haben zusammen mit den chinesischen Buddhisten die Formel geprägt: »Die drei Lehren sind eins.« Demnach verstehen sich die beiden großen Religionen und der Konfuzianismus als Einheit.

Nach Einheit strebend und nie bemüht, lauthals die »bessere« Lehre zu verkünden, lautete die Devise, als Konfuzius noch lebte. Doch mehr als ein Menschenleben hatte vergehen müssen, bevor Menzius (371–285 v. Chr.), ein Schüler des Konfuzius-Enkels Kong Ji, den Konfuzianismus überhaupt populär machen konnte. Die konfuzianische Lehre des Menzius weist bereits wehmütige und pessimistische Ansichten auf. So stimmt er mit dem Verfasser der bedeutendsten taoistischen Sammlung von Lehrfabeln, *zhuangzi*, überein, daß dem Menschen mit der Zeit sein »Kinderherz« verlorengegangen sei. Der Verlust der Ursprünglichkeit und Natürlichkeit ist für Menzius vergleichbar dem Kahlschlag ganzer bewaldeter Landstriche. Er scheint die Entwicklung nach seinem Tod vorausgeahnt zu haben.

Im Jahre 212 v. Chr. befahl Kaiser Qin Shi Huangdi, alle konfuzianischen Bücher zu verbrennen und – als Abschreckung für das Volk – 460 konfuzianische Gelehrte bei lebendigem Leib zu begraben. Der autokratische Herrscher, der die vielen Königreiche erstmals zum Reich der Mitte vereinigte, wollte mit diesem Willkürakt die Philosophie der Legalisten durchsetzen. Diese Schule vertrat die Auffassung, daß der Ursprung der Staatsmacht in den politischen und sozialen Institutionen der Hierarchie liege und nicht in der Moral des einzelnen. Gnadenlos ließ Qin Shi Huangdi die Konfuzianer verfolgen, um den Einheitsstaat und seine Untertanen einer scheinbar souveränen, tatsächlich aber imperial gelenkten Gerichtsbarkeit zu unterstellen.

Seine »Brachialgewalt« konnte das Volk vorübergehend einschüchtern, doch den Konfuzianismus nicht vernichten. Knapp hundert Jahre später kürte Kaiser Wu der Han-Dynastie die Lehre zur Leitlinie seiner Reichspolitik. Allerdings verfiel er ins krasse Gegenteil: Außer dem Konfuzianismus wurden nun alle anderen Lehren verboten und deren Anhänger grausam verfolgt. Zu jener Zeit wurde Konfuzius erstmals wie ein Heiliger verehrt. Im ganzen Reich errichtete man Tempel und verlieh ihm den Adelstitel Yansheng-Herzog, den auch seine erstgeborenen männlichen Nachkommen führen durften. So wurde der Konfuzius-Kult zu einer Ersatzreligion neben dem Buddhismus. Im Jahre 72 n. Chr. führte der Hof einen Opferkult für den »heiligen Konfuzius« und seine 72 Schüler ein. In der letzten, der mandschurischen Qing-Dynastie (1644–1911) wurde die Zahl der verehrten Konfuzianer auf 172 erweitert, und jeder der rund 2000 Kreise des Reichs verfügte über einen eigenen Konfuzius-Tempel. Die Monarchie verging, der Konfuzianismus blieb bestehen.

Noch im Jahre 1935 verlieh der nationalistische Generalissimus Chiang Kai-shek dem Konfuzius-Nachfahren Kong Decheng den Titel »Staatsmeister der Hingabe an die edle Wahrheit und erster Lehrer«. Obwohl die Kommunisten seit der antiimperialistischen 4.-Mai-Bewegung von 1919 (»Nieder mit der Konfuzius-Bude« lautete eine Parole der Studenten auf dem Tiananmen-Platz) den Konfuzianismus als erzreaktionär schmähten, blieb er doch im Herzen der Chinesen lebendig. Heute darf im Konfuzius-Tempel wieder geopfert und in akademischen Zirkeln wieder über die urchinesische Lehre debattiert werden. Der Konfuzius-Experte Kuan Yaming vertritt die Ansicht: Alle Bestandteile des Konfuzianismus, die einst den Feudalismus stabilisierten, sollten verworfen werden. Hingegen sollten alle humanen Elemente wie zum Beispiel die Idee von der Menschlichkeit angenommen werden. Außerdem sollten Bestandteile wie Volksbildung und Erziehung übernommen werden. Um die Lehre des Konfuzius neu zu beleben, ist jeder Disput gut.

Sollten eines Tages Marxismus-Leninismus und Mao-Zedong-Ideen auf dem Müllhaufen der Geschichte landen, das konfuzianische Erbe wird leben. Vielleicht einfach deshalb, weil Meister Kong nur eins tat: Er lebte, nichts weiter – lebte, beobachtete das Leben und verging.

Einst und jetzt sind nicht zu trennen

Die Große Mauer ist einmalig, sie ist das einzige Bauwerk der Erde, das vom Mond aus zu sehen ist. Die Verbotene Stadt mit ihren 9999 Palastgemächern ist grandios, einst war sie ein Labyrinth des imperialen Luxus. Wer die chinesische Zivilisation ergründen will, wer ihr Innerstes nach außen kehren möchte, der muß die großartigen Bauten links liegenlassen und sich den Menschen zuwenden. Nicht im Bauwerk, im Menschen steckt der Schlüssel zum Verständnis des alten Landes und seiner Kulturgeschichte. Zugegeben, im Zuge der Urbanisierung und Verwestlichung verblaßte vieles. In drei Elementen wird allerdings die Aussagekraft erhalten bleiben: im Wesen des Han-Chinesen, der chinesischen Frau und der Sprache.

Ob Bauer oder Diplomat, jeder Chinese bekennt sich stolz, mit einer Dosis Chauvinismus, zum Volk der Han. Er nimmt es nicht so genau, Hauptsache Han und nicht einer von den Nationalitäten der Hui oder Uiguren. Als Han bezeichnet man alle Völker chinesischer Sprache und Kultur, die im ostasiatischen Völkergemisch die größte Gruppe bilden. Da die Han-Völker seit Jahrhunderten zwischen Sibirien und Timor siedeln, können sie keine einheitlichen Traditionen, Gebräuche und Dialekte mehr haben. Obwohl das nationale Kriterium fehlt, mit dessen Hilfe so klar zwischen Franzosen, Deutschen, Engländern und Amerikanern unterschieden werden kann, wollen wir den Westen und das Land der Han aneinander messen.

Chinas Beziehung zum Westen läßt sich als ein Pendeln zwischen Anziehung und Distanz, zwischen Annäherung und Selbstbehauptung charakterisieren. Wohlgemerkt, bei aller Anziehung sind die Chinesen vorrangig auf die Aufrechterhaltung der Distanz und Selbstbehauptung bedacht. So formulierte der Initiator der Öffnungspolitik, Deng Xiaoping: »Den frischen Wind hereinlassen – die Moskitos draußenhalten.«

Dieses Selektieren, das einer Zerrissenheit im Denken entspringt, ist keine sozialistische Erfindung. Auch in der letzten Dynastie, der der Qing, klaffte ein Gegensatz zwischen den kaiserlichen mandschurischen und chinesischen Würdenträgern einerseits und den sogenannten Modernisten andererseits. Die Modernisten Zeng Guofan (1811–1872) und Li Hongzhang (1823–1901) sprachen sich für eine enge Kooperation mit dem Westen aus. Gegen den Willen des Kaiserhofes modernisierten sie die Qing-Armee und die Industrie des Reiches. So ließ Zeng Guofan als Vizekönig von Nanking (Nanjing) mit französischer Hilfe in Shanghai Arsenale und Werften erbauen. Er initiierte außerdem das erste Studienprogramm für junge, begabte Chinesen in den USA. Auch Li Hongzhang widmete sich als Gouverneur der Provinz Hebei-Henan dem industriellen Aufbau des Reiches. Auf sein Wirken geht die erste Fernmeldeleitung zwischen Shanghai und Europa im Jahre 1871 zurück. Er gründete 1872 die chinesische Dampfschiff-Gesellschaft und 1880 die Telegraphengesellschaft von Tientsin (Tianjin). Ihr Modernisierungskonzept nannten die beiden »Selbststärkungsbewegung«. Dieser Name offenbart, daß es den beiden westlich orientierten Mandarinen nicht um eine grundlegende Neuerung, gar Umwälzung der Feudalgesellschaft ging, sondern nur um die Rettung des angeschlagenen Qing-Reiches – mit modernster ausländischer Industrie- und Kriegstechnik. Ihre Zerrissenheit, einerseits weltoffene Pragmatiker und andererseits glühende Verfechter des Neokonfuzianismus, ließ sie schließlich scheitern. Von der abendländischen Gedankenwelt beeinflußt, entwarf der große Republikaner Sun Yat-sen (1866–1925) in seinem demokratischen Kampf die »Drei Volksprinzipien« (*sanmin zhuyi*): Selbstbestimmungsrecht des chinesischen Volkes, soziale Gerechtigkeit, liberale Demokratie. Auch seine selektive Anlehnung an den Westen mußte scheitern.

Im west-östlichen Koordinatensystem der chinesischen Weltbetrachtung erschien Deutschland spät. Erst nachdem das Deutsche Kaiserreich seinen französischen Gegner im Jahre 1870/71 besiegt und das Napoleonische Kaisertum gestürzt hatte, betrat ein chinesischer Gesandter deutschen Boden. Heute ist viel Lob zu hören: über die Sauberkeit, die Gründlichkeit und die Qualität deutscher Produkte. Erstaunlich oft kommt die Unterhaltung auf Hitler, ja, auf Adolf Hitler. Der Deutsche ist verdutzt und wehrt ab: Hitler und das Dritte Reich seien ein schwarzes Kapitel in der deutschen Geschichte, Hitlers Herrschaft sei totalitär und grausam gewesen. Doch der chinesische Gesprächspartner, eher jung als alt an Jahren, beharrt auf seiner Meinung, daß Hitler in seinen Augen ein Held sei. Der Deutsche fragt höflich nach, warum? Der Chinese antwortet, ohne mit der Wimper zu zukken, Hitler habe verstanden, ein Volk »stark anzuführen«. Der Deutsche kennt sich in der asiatischen Geschichte aus und fragt, ob er das »starke« Verhalten der Japaner im Zweiten Weltkrieg genauso schätze. Der Chinese verneint energisch und meint, die Japaner hätten Chinesen getötet und in China Greueltaten begangen. Der Deutsche antwortet: »Das taten Japaner und Deutsche gleichermaßen.« Der Chinese widerspricht nicht, beharrt aber auf seiner Meinung, daß ein starker Führungsstil sehr wichtig sei – damals und heute.

Der Han, der so spricht, ist zweifellos ein einzelner, doch er offenbart, daß im wirtschaftlich modernisierten China das Denken in Kategorien wie Demokratie, Föderalismus, Parlamentarismus und Volkssouveränität noch in den Kinderschuhen steckt.

Von ihrer Kultur und ihrem Volkscharakter her können die Deutschen nur mit den Japanern, den »Preußen des Ostens« verglichen werden. Deutsche und Japaner neigen zu Schwermut. Der Deutsche haßt die Ungerechtigkeit, aber noch mehr die Unordnung. Der Chinese liebt die Unordnung, weil nur durch sie die Ordnung geboren wird. Ist der Unterschied zwischen Deutschen und Chinesen wirklich so gewaltig? Beugten nicht Chinesen ihr Haupt noch tiefer vor Kaisern und Königen als die Deutschen? Die Chinesen sind die Erfinder des Kniefalls, doch nie vergaßen sie das Einfache und das Zarte der Sinne und Gefühle. Mit seinem Satz: »Es gibt zwei friedliche Gewalten in der Welt, das Recht und die Schicklichkeit«, hat Goethe ungewollt die chinesische Gesellschaft treffend charakterisiert. Gemessen an China, hat der Schotte Thomas Carlyle das Abendland vortrefflich erfaßt: »Europa ist eine Anarchie plus ein Polizist.«

Die Deutschen sind wie die Russen tief und weit, aber nicht einfach und zartfühlend. Die Amerikaner – mit den Chinesen in einer tragischen Haßliebe verbunden – sind weit, im Sinne von offen, von umfassend und einfach. Auf keinen Fall sind sie gründlich, schwermütig und tiefschürfend. Wie steht es nun mit den Engländern und den Franzosen? Der Brite ist einfach. So bleibt eigentlich nur der Franzose als Pendant zum Chinesen. Ja, der Franzose könnte am ehesten als »abendländischer Chinese« durchgehen.

Reist ein Chinese durch Europa, so ist er auf Selbständigkeit bedacht: Bloß keinem auf die Nerven gehen, bloß nirgendwo anecken. Selbst die Zahnpasta bringt er von zu Hause mit, auch wenn sie den Namen »Colgate« trägt. Er paßt sich an und überwindet seine Abneigung gegen Käse und Sauerquark. Obwohl er seinen Reis über alles liebt, gewöhnt er sich schnell an Kartoffeln und Brot.

Selbst der arroganteste Han-Chinese wird gefügiger durch die seinem Volk eigene Sanftmut. Er ist der Sohn eines wetterharten Bauern, dem das Grobe fehlt. Er mag derb sein, doch nie ist er gehässig. Auch dumm kann er sein, doch es ist keine Abgeschmacktheit in seiner Dummheit, er mag listig sein, aber seine List ist frei von Bösartigkeit.

Für den Han-Chinesen entspricht die Zunge dem Gehirn. Am Sprechen erkennt er die Weisheit des Sprechenden; etwa, ob dieser versteht, das Unwesentliche im Leben zu erdulden. Das Herz gilt als Sitz der Gefühle und Empfindungen, aus ihm erwächst die konkrete Utopie eines glücklichen Lebens. Nicht in der Ferne, sondern zum Greifen nah, zeigt sich das Glück: Jede auf die

Teetasse oder die Reisschale gemalte Fledermaus symbolisiert Glück, *fu*, jedes Plakat, das einen fetten Säugling auf einem Schwein oder Karpfen zeigt, ist ein Glücksbringer. Glück ist ein Lebensgefühl, das sich Chinesen jetzt und hier erfüllen. Da sie recht praktisch philosophieren, sind sie keine Philosophen in unserem Sinn. Weder Praxis noch Theorie, weder Glück noch Unglück sind für sie Gegensätze, beide sind ein sich ergänzendes und sich durchdringendes Paar. Vorherrschend in ihrem Denken ist nicht das analytische Zerpflücken, sondern das synthetische Zusammenfügen. Naturwissenschaftler aus Peking oder Shanghai müssen kausales Denken mühsam erlernen, denn der Han-Chinese lehnt »von Herzen« die Kausalität als mechanisch ab.

Ein Apfelschnitz schmeckt besser – oder sagen wir lieber, nach mehr – als ein ganzer Apfel. Betrachtet wird er allerdings nicht an sich, nicht als abgetrennter Schnitz, sondern als kantiges Teil einer runden Frucht, die wiederum der eßbar zerlegte Teil eines ganzen, ungenießbaren Apfelbaumes ist. Wer diese Betrachtung boshaft Schachteldenken nennt, ist unwissend und unglücklich. Das Leben, ja der Kosmos, bewegen sich in Elementen und Zyklen, die jedem Ding und jedem Wesen ihren Platz zuweisen. So war im alten China das Leben des Mannes in Zyklen von acht, das der Frau in Zyklen von sieben Jahren aufgeteilt.

Jetzt wird auch verständlich, warum der chinesische Charakter sowohl tiefgründig und weitgefächert als auch einfach und zartfühlend ist. Für ihn ist selbst das Unmögliche erklärbar, wenn nicht heute, dann morgen.

Der Streß einer globalen Herausforderung fällt weg, das Leben teilt sich in Aufgaben, die man meistert oder auch nicht. Der Chinese sagt in solch einem Fall: *mei you guanxi*, »macht nichts«. Das ist nicht schnoddrig gemeint, sondern eher philosophisch, also praktisch.

Mit Kriminellen wird seit jeher hart umgesprungen, auf Raub und Vergewaltigung steht die Todesstrafe. Es gibt Arbeitslager, und inoffizielle Zahlen sprechen von drei bis sechs Millionen Insassen in Lagern der »Umerziehung« (*laojiao*) und »Umformung durch Arbeit« (*laogai*). Erstaunlich – ein zartfühlendes Volk so radikal? Einmal abgesehen von den aktuellen Schwierigkeiten der KPCh mit der Kriminalität und politischen Gegnern, hat die brutale Bestrafung von Kriminellen eine historische Wurzel. Ein Verbrechen verstößt gegen Schicklichkeit und Harmonie einer Gesellschaft, in der einst der Kampf Bürger gegen Bürger verboten war, da alle als Verwandte galten: entweder als Schwiegerväter und Schwiegersöhne oder als *xiongdi*, als Brüder.

Ein Verbrechen an einem Han war ein Verbrechen am Volk der Han. Hingegen waren Kampf und Krieg gegen einen Fremden nie verpönt, denn ein Barbar war seinem Wesen nach ein Tier, das nur Instinkte und keine Kultur besitzt. Für den Chinesen ist seine Kultur viel mehr als die Erfindung von Schießpulver, Tuschbildern und Seidenspinnerei. Sie ist sein Schöpfer, ihr verdankt er sein besonderes Wesen, seine Ausgeglichenheit, ja seine Gesundheit. Die 4000 Jahre alte Kultur war und ist so allmächtig, weil sie im chinesischen Wesen als Weisheits- und Sittenlehre lebendig ist.

Es wäre falsch, dieser »Lebenskultur« göttliche oder transzendente Kraft anzudichten, richtig ist, ihre Verbindungen ins Jenseits aufzuspüren. Nach dem Tod konnten Gelehrte und Weise zu Heiligen und Göttern werden.

Für die Bauern waren Zauberer genauso wie Erfinder Heilige, für Gelehrte und kaiserliche Beamte waren Fürsten heilig. Nie erschienen die Gottheiten als dem Menschen völlig fremde Wesen. Überlieferte Beschwörungsformeln gegen Kobolde, Dämonen und Gespenster erinnern an Küchenrezepte.

Steht der Besucher vor einem traditionellen Bauernhaus, so versperrt ihm eine Mauer den Blick in den Innenhof. Nur rechts oder links vorbei, führt der Weg hinein. Der Reisende erinnert sich vielleicht an die Sichtblende vor jenen selten gewordenen öffentlichen Bedürfnisanstalten in seiner Heimat. Woher soll er auch wissen, daß dieses Hindernis vor seiner Nase eine »Geistermauer« ist. Die Wand verlangt, daß der Eintretende zur Seite abbiegt. Abbiegen, das können nur Menschen, nicht aber Geister. Eine Geistermauer ist vor allem praktisch; sie ist bemalt oder schön gemauert und hält neben den neugierigen Blicken der Nachbarn auch den Wind ab.

Die Chinesen konnten sich als einzige den Himmel auf die Erde holen, weil nur sie einen »Himmelssohn« als Kaiser hatten. Und das kam so: Der Gelbe Kaiser, Huang Di, (nach der Legende soll er um 2500 v. Chr. regiert haben) kam in einem Gewitter zur Welt, nicht als Säugling, sondern er schlug als Blitz auf dem Berg einer heiligen Eule ein. Huang Di kam als Energiebündel und verließ die Welt als Gewitter. Mit dem Blitzschlag war die chinesische Zivilisation geboren, denn der Gelbe Kaiser gilt als Urvater aller Kaiser, Könige und Fürsten im Reich der Mitte. Er verkörperte die Tugenden des Himmels, seine Minister die der Erde. Im damaligen Reich hieß er nicht Himmelssohn, sondern Donnergott und Meisterschmied. Sein göttliches Charisma war aber kein Freibrief des Himmels, es entsprang dem Kampf gegen diesen, der in der Sage als Ledersack erscheint. Mit Schlangenpfeifen soll Huang Di den beseelten Sack gezähmt haben. Und geradezu besessen soll er Eulen gejagt haben, um sie später zu verspeisen.

Der Urvater und himmlische Jäger war einsam. Die höchsten Würdenträger des Reiches konnten sich ihm nur auf Knien nähern, und ihre Blicke durften allerhöchstens bis zum kaiserlichen Kinn hochwandern. Huang Di und seine Nachfahren mußten Unterwürfigkeit und Kniefall (*kotau*) nie befehlen, denn ihre Macht entsprang einer religiösen und magischen Tugendkraft. Die kosmische Ordnung wurde in der alten Gesellschaft, deren militärische Ordnung die Grundlage der zivilen war, als Ausfluß der adligen Tugend gewertet.

Tiefgründig und weitgefächert, einfach und zartfühlend sind die klassischen Merkmale des Han-Charakters, haben wir gesagt. Die Paarung dieser Eigenschaften verhinderte, daß kriegslüsterne Dynastien im Reich der Mitte dominierten. Alle fremden und chinesischen Dynastien förderten vielmehr den Drang zum Handel und zur Diplomatie, der Tochter der Kriegskunst. Die Kaufleute und Diplomaten sind bis heute so erfolgreich, weil sie seit eh und je strategisch operieren.

Die Strategie aller Strategien ist historisch überliefert und heißt ganz praktisch »Die 36 Strategeme«. Erstmals wird diese Auswahl militärischer Lehrsätze in einer Biographie des Wang Jingzi erwähnt, die einer Chronik des südlichen Fürstentums Qi (479–502) entnommen ist. Die aktuelle Fassung stammt aus dem Jahr 1674. Damals diente sie als Strategie des chinesischen Geheimbundes »Rote-Pforte-Gesellschaft« im Kampf gegen die fremdländische Mandschu-Dynastie der Qing (1644–1911). Heutzutage ist der symbolische Gehalt der 36 Strategeme lebendig wie zu Zeiten von Meister Wang, als Chronisten erstmals den Steigbügel erwähnten.

Geboren im Kampf, eignen sie sich als Kompaß im zivilen Leben. Ihre Symbolik verstehen heißt, sie anzuwenden – für Chinesen wie für Ausländer. Die Strategeme:

1. Bringe den König zum Überqueren des Meeres, indem du ihn in ein Haus am Ufer einlädst, das in Wirklichkeit ein Boot ist;
2. Den Staat Zhao retten durch Umzingelung des Staates Wei, dessen Truppen den Staat Zhao eingekreist haben;
3. Jemanden mit dem Messer eines anderen ermorden;
4. Ausgeruht auf den erschöpften Feind warten;
5. Die durch Feuersbrunst entstehende Unordnung für Diebstähle nutzen;
6. Scheinmanöver im Osten, Angreifen im Westen;
7. Aus dem Nichts etwas schaffen;
8. So tun, als wolltest du eine vom Feind zerstörte Brücke wiederherstellen, heimlich überquerst du aber den Fluß an einer anderen Stelle;
9. Scheinbar teilnahmslos die Feuersbrunst am anderen Ufer beobachten;
10. Lächelnd den Dolch verbergen;
11. Der Pflaumenbaum opfert sich für den neben ihm stehenden Pfirsichbaum, indem er an dessen Stelle seine Wurzeln den Insekten zum Fraß überläßt;
12. Unterwegs wie zufällig auf ein Schaf stoßen, und es kurzentschlossen mitgehen lassen;

13. Nicht auf die Schlange selbst, sondern auf das Gras neben ihr schlagen, um sie einzuschüchtern;
14. Die Seele eines Verstorbenen leiht sich einen neuen Körper, um weiterzuleben;
15. Den Tiger aus den Bergen in die Ebene locken;
16. Auf etwas, das du unbedingt haben willst, einstweilen vorsätzlich verzichten;
17. Einen Ziegelstein hinwerfen, um dafür einen Jadestein zu bekommen;
18. Willst du eine Räuberbande dingfest machen, mußt du zuerst ihren Anführer gefangennehmen;
19. Das Brennholz heimlich unter dem Kessel eines anderen wegnehmen;
20. Trübe das Wasser, dann kannst du bequem die ihrer Sicht beraubten Fische fangen;
21. Die Zikade sucht unbemerkt das Weite, indem sie sich ihrer goldglänzenden Hülle entledigt;
22. Erst die Türen schließen, erst dann den Dieb fangen;
23. Sich vorübergehend mit dem Feind in der Ferne verbünden, um zunächst den Feind in der Nähe anzugreifen;
24. Um einen Staat anzugreifen, mußt du den Nachbarstaat um die Durchmarscherlaubnis bitten und ihm dafür das Unterlassen jeder Behelligung versprechen. Im richtigen Moment mußt du nicht nur zum Angriff auf jenen gegnerischen Staat übergehen, sondern gleichzeitig auf den friedlichen Staat liquidieren;
25. Ändere nie die Fassade eines Gebäudes, während du im Inneren die Tragbalken und Pfeiler durch wurmstichiges Bauholz ersetzt;
26. Die Akazie schmähen, dabei aber auf den Maulbeerbaum zeigen;

27. Verrücktheit mimen, ohne das Gleichgewicht zu verlieren;
28. Den Gegner auf das Dach locken, und dann die Leiter wegziehen;
29. Dürre Bäume mit künstlichen Blüten schmücken;
30. Die Rolle des Gastes in die des Gastgebers verkehren;
31. Das Strategem der schönen Frau;
32. Das Strategem der offenen Stadttore;
33. Stifte Zwietracht im feindlichen Lager;
34. Verstümmele dich selbst und locke so den Gegner aus seiner Deckung;
35. Flechte ein Netz von Strategemen;
36. Weglaufen ist das beste der 36 Strategeme.

Im Alltag kann man lange warten, bis ein Chinese wegläuft, also das 36. Strategem wörtlich nimmt. Und trotzdem flieht er, und der überlistete *waibin*, der ausländische Gast, nickt anerkennend oder ärgert sich über sein Ankämpfen gegen ein Verhalten, das an das Boxen gegen eine Gummiwand erinnert. Sobald nämlich eine echte Kontroverse auftaucht und nach europäischen Maßstäben die Fetzen fliegen müßten, flüchtet ein Chinese oder verhält sich »wie der Bambus im Wind«. Er verweigert dem Angreifer die Stirn, macht dafür den Rücken rund, geht in die Knie und federt den Angriff des Gegners elastisch ab. Das 36. Strategem ist heute am populärsten.

Das 34. wird niemand wörtlich nehmen, trotzdem ist es gegenwärtig, auf jeden Fall beim Abschied. »Ich befürchte, wir haben unsere Sache schlecht gemacht!« ertönt die Stimme des Reiseleiters, der Dolmetscherin, des Hotelpersonals, des Busfahrers, des Kochs und anderer mehr. Bescheidenheit um jeden Preis, Schmälerung der eigenen Verdienste und somit Überhöhung des anderen mag oft eine Kriegslist sein. Hinter diesem verbalen Kotau kann sich auch das 30. Strategem, das Kuckucksei-Strategem, verbergen. Bei soviel Selbstlosigkeit steht doch jeder kritisierende Gast als Nörgler da. Nicht der zu Recht kritisierte Gastgeber hätte das Gesicht verloren, sondern der Gast.

Da chauffierte und hofierte Touristen seltener als Geschäftsleute um ihr Leben kaufen und verkaufen müssen, bleibt ihnen die Bedeutung des 1., 6. und 10. Strategems verborgen. Stets lächelnd und mit blumigen Worten wird der Preis gedrückt – das alles im dunklen Anzug und während eines delikaten Bankettes mit zehn Gängen.

Die 36 Strategeme dürfen nicht als Einmaleins für Schlitzohren mißverstanden werden. Sie sind eine 1500 Jahre alte Doktrin einer ursprünglich militärischen Zivilisation. Im Westen umgibt Modergeruch die Geschichte. Im Osten ist es der Reiz von gelebtem, erprobtem Leben, ob in der Sprache oder in strategischen Lehrsätzen.

Bildlich betrachtet, sitzt der Chinese nicht auf einer Geschichtspyramide und blickt hinunter auf die sich zum Sockel hin auffächernden historischen Daten, sondern steht inmitten der Geschichte beziehungsweise der Geschichten seiner Ahnen. Vertikal ist unser, horizontal sein historisches Verständnis. Geschichte war und ist für den Han nur als Erscheinungsweise zyklisch wirkender Kräfte denkbar. Für ihn gab es nur den beständigen Wechsel der Gegenpole *yin* & *yang*, nicht den endgültigen Sieg des einen über den anderen. »Wenn ein Ding seinen Höhepunkt erreicht hat, erfolgt die Umkehrung.«

Der Gegenwartssinn konzentriert sich auf die »Länge des Lebens«. Gerade der starke und ausgeprägt pragmatische Realitätsbezug hat die Chinesen daran gehindert, etwas radikal Neues, wie es beispielsweise die abendländische Zivilisation darstellte, als solches überhaupt zu erkennen und damit auch den ersten Schritt zu seiner Bewältigung zu tun. Sogar in der Kunst beschränkte sich der Begriff der Neuerung auf den Bereich der technischen Perfektion. Kreativität konzentrierte sich auf die meisterliche Handhabung der Regeln in den Schönen Künsten. Bewahrung statt Veränderung – im persönlichen Leben wie in der Politik.

Ohne Gesetz zu sein sorgten die 36 Strategeme für Disziplin und Etikette. Sie regelten das Zusammenleben in einer hierarchisch abgestuften Ordnung: Wer mit ihnen umzugehen wußte, stand oben, wer sie nur herunterbeten konnte, mußte auf einem niederen Platz verharren. Wohlgemerkt, die 36 Strategeme waren und sind weder Vorschrift noch Gesetz, sie waren und sind neben Bräuchen und Riten eine Richtschnur für das gesellschaftliche Leben.

Ochsenhirte sucht Webermaid

Die Frau ist aufgeblüht, sie schminkt sich die Lippen zum Signal und onduliert alle paar Wochen das blauschwarze Haar. Bluse, T-Shirt, Jeans und Mini sind tailliert, bunt bis modisch kommt sie daher. Nur noch widerwillig benutzt sie ein Herrenrad oder eine Männerhandtasche, ganz zu schweigen vom maoblauen Unisex der Kulturrevolution. Auch die Zeit der eingebundenen »Lilienfüße« ist endgültig vorbei. Frauen zeigen wieder, daß sie Frauen sind. Glücklich, als hätten sie ihren Stil endlich gefunden, zwängen sie sich in westliche Kleider und träumen, über den Laufsteg von Paris zu schweben. Der chinesische Stadtplanet ist ein Treibhaus für Modetrends, dafür sorgen Boutiquen von Benetton, Esprit und all den ausländischen Firmen, die im Land schneidern lassen. In Shanghai oder Kanton kommen die Städterinnen wie ihre britisch gereiften Hongkonger Schwestern auf Absätzen daher.

Traditionell trippelt die Chinesin auf flachen Sohlen. Auf hohen Absätzen kann sie nicht schreiten. Sie ist, mit wenigen Ausnahmen im Norden, nicht hochgewachsen, ihr Busen ist klein, dekolletierte, wallende Kleider machen sie zum Gespött westlicher Besucher.

Sie kann ja ihre Stöckelschuhe, ihre Jeans, ihren Mini und ihre Nylonstrümpfe zur Schau tragen, doch sie sollte nicht vergessen oder verdrängen, daß es noch immer einen hochentwickelten Weiblichkeitskult, eine höchst elegante *qipao*-Kleidermode und ein raffiniertes Schönheitsideal gibt und daß seit Jahrtausenden die Frau der Spiegel für die Schönheit von Mensch und Natur ist. Auf Tuschbildern und auf der Bühne, in Gedichten und Romanen wird die schöne Frau zu einem höheren Wesen stilisiert und angebetet, während die männliche Schönheit so gut wie vergessen wurde. O Schande, nur schöne Kaiser fanden Beachtung. Deren Augenbrauen, Schultern oder Rücken wurden bewundert, weil diese maskulinen Merkmale so schön waren wie bei den mythischen Vorfahren. Auf alten Tuschbildern werden Gelehrte oft mit weiblichen Gesichtszügen dargestellt. Vorsicht, fette Männer galten niemals als schön.

In der Antike entsprach die Schönheit der Reinheit. Erotisch und vollkommen empfand man einen Körper, der mit einem festgefügten Katalog von Bildern aus der Natur, der Tier- und Pflanzenwelt beschrieben werden konnte. Ein mondrundes Gesicht galt als schön, ein eiförmiges als wunderschön. Schöne Augen waren milchig wie Litschifrüchte. In blaue oder »Muschelaugen« wollte kein Mann blicken, diese waren verpönt. Als makellos galten Augenbrauen, die sich wie die Fühler einer Seidenraupe oder wie Weidenblätter bogen. Das blauschwarze Haar fand nur Beachtung, wenn es sich leicht wie Wolken um den Kopf wand. Da eine hohe Stirn als schön galt, wurden die Stirnhaare alle zwei Wochen epiliert. Puderweiße Haut war ideal. Ein schöner Hals mußte sich mit einem schlanken Wurm und eine wohlgeformte Nase mit einer Zwiebel messen können. Wer eine Stupsnase (Löwennase) hatte, galt immerhin als glücklich, nicht aber als schön. Mund und Lippen wurden mit einer Kirsche gleichgesetzt: je kleiner und feiner geschwungen, desto sinnlicher. Schöne Zähne durften nicht nur weiß sein, sondern mußten noch die Form von Kürbis- oder Granatapfelkernen haben. Wenn Ohrmuscheln weder glänzend noch fleischig waren, fühlten sich die Männer angezogen, denn die Ohren erinnerten an Wolkenohr-Pilze. Wie im europäischen Mittelalter wurde das Antlitz so überschwenglich gepriesen, daß die anderen Körperpartien zu kurz kamen. Wir wissen nur, daß schöne Finger zart wie junge Bambussprossen zu sein hatten und daß eine Wespentaille als Vorbild galt. Der weibliche Körper wurde stets mit einer Weide verglichen.

Das traurigste Kapitel in diesem tausendjährigen Katalog sind »Goldlotos« oder »Goldlilie«. Hinter diesen wunderbaren Worten verbirgt sich der abartige Fetischismus der eingebundenen Füße. Bereits im siebten Jahrhundert empfanden die Männer der Oberschicht die puppenhaft kleinen (10–15 Zentimeter großen) Füßchen als erregendes Sexualsymbol. Im 19. Jahrhundert bandagierten sich dann auch Bauersfrauen die Füße, weil der Trend übermächtig geworden war. Heute sind auf allen Antiquitätenmärkten die winzigen Seiden- und Samtpantöffelchen zu kaufen. Ihre niedliche Puppenhaftigkeit läßt die ungeheuren Qualen der Frauen leicht vergessen.

Einst wurde den dreijährigen Mädchen feuchte Bandagen, die sich beim langsamen Trocknen zusammenzogen, um die nach unten gebogenen Zehen gewickelt. Diese schmerzhafte Verkrüppelung wurde tausendfach wiederholt, bis die Füßchen im heiratsfähigen Alter nur noch abgestorbene Fleischklumpen waren.

Im alten China war eine schöne Frau nicht nur der strahlende Spiegel des Kosmos, sondern auch Gefangene unzähliger Tabus. Selbst dem Arzt war es verboten, eine schwerkranke Frau nackt zu untersuchen. Er durfte allenfalls ihren Puls fühlen, meist durch den langen Ärmel ihres Gewands hindurch. Zuvor hatte die Patientin an einer nackten, liegenden weiblichen Miniaturskulptur aus Elfenbein die schmerzende Stelle gezeigt. Als Replikate sind diese nackten Schönheiten heute zu kaufen.

Der Sittenkodex machte den Mann und die Frau zu unterschiedlichen Wesen, deren Leben nach verschiedenen Gesetzmäßigkeiten verlief. Erst im Tod fanden sie wahrhaftig zueinander. Ein ausgeprägtes Patriarchat räumte dem Mann überragende Rechte ein. Doch diese allein sind noch kein Beweis für die Unterdrückung der Frau, denn ihr Leben verlief in eigenständig determinierten Bahnen. Das Zusammenleben war bis ins kleinste geregelt.

Er war der Hüter der staatlichen Ordnung, sie erfüllte die bedeutende Aufgabe »Hüterin der Vorratskammer«, so die wörtliche Übersetzung aus dem klassischen Chinesisch, das übrigens für das Schriftzeichen »Weib« zwei Wurzeln hat: »Frau« und »Besen«. Von Konfuzius ist der Spruch überliefert: »Wenn Weib und Kinder in Eintracht wohnen, das ist wie wohltönendes Harfen- und Lautenspiel; wenn Brüder in Einigkeit und Frieden leben, wird die Harmonie niemals aufhören; macht so euer Heim stets froh und licht, dann werden euer Weib und eure Lieben euer Entzücken sein.«

Das Heim galt als der Himmel im kleinen, so wie der Staat den Himmel auf Erden verkörperte. War der Mann der Hüter der staatlichen Ordnung, so war die Frau Beschützerin des Heims. Männer und Frauen waren wie zwei miteinander wetteifernde Verbände, die dank unterschiedlicher Bestimmung in der großen Harmonie von *yin* (weiblich, kalt, dunkel, Wasser, Erde) und *yang* (männlich, warm, hell, Feuer, Himmel) lebten.

Die heute noch jedem Kind bekannte Himmelssage vom Ochsenhirten Altair und der Webermaid Vega besagt mehr als tausend Worte: Es war einmal ein Hirte, der seine Herde am Han-Fluß, dem Symbol der Milchstraße, weidete. Unerwartet erspähte er durch das Ufergebüsch badende Frauen, die ihre Gewänder am Ufer zurückgelassen hatten. Der lüsterne Schelm versteckte die Gewänder, um möglichst lange seinen Spaß zu haben. Doch die schönen Nackten konnten zaubern, sie waren Feen. Sie bedeckten ihre Nacktheit mit einem Federkleid und entflogen in die blauen Sphären. Nur eine blieb zurück und vermählte sich mit dem Bauernburschen. Neun Monate später gebar Vega einen Sohn. Ihr Gatte war tagsüber auf der Weide, sie hatte ihren Platz am Webstuhl.

Eines Tages nun entdeckte der Kleine beim Spielen das einst vom Vater versteckte Federkleid. Er zeigte es der Mutter. Erschrocken streifte sie es über und flog davon. Daraufhin gab eine Kuh dem traurigen Hirten den entscheidenden Tip: »Schlachte mich und hülle dich in meine Haut.« Er folgte diesem Rat und flog hinterher.

Die Begegnung im Himmel wurde wenig später so innig, daß beide weder an Hüten noch an Weben dachten und sich ganz der Liebe hingaben. Den älteren Göttern wurde das Treiben der beiden bald zuviel. Die überirdischen Sittenwächter genehmigten nur noch einmal im Monat ein Wiedersehen. Diese Anweisung ließen sie vom Glücksvogel, der Elster, überbringen. Das Tier vergaß die Zeitspanne und machte aus dem Monat ein Jahr. Fortan konnten die Liebenden nur noch einmal im Mondjahr, in der Nacht des siebten Tages des siebten Monats zusammenkommen.

An diesem Tag, so wird erzählt, sollen alle Elstern die Erde verlassen und sich zu einer Brücke über die Milchstraße formieren, damit Altair und Vega zueinanderfinden. Die himmlische Sage wurde mit den Jahrhunderten um eine »praktische« Variante ergänzt: An jenem Sommertag regnet es in der Regel, damit die Menschen auf der Erde nicht sehen, was im Himmel geschieht.

Ein nettes Histörchen, aber was soll es hier und heute? werden Sie fragen. Das Histörchen ist Gegenwart, für die Chinesin könnte es eine Geschichte aus ihrem Leben sein. Die Sage von der Weberin und dem Hirten ist die Saga der Familientrennung, unter der im sozialistischen China zig Millionen leiden.

Herr Li zum Beispiel hat studiert, er ist Dolmetscher im Außenministerium. Seine Frau arbeitet als Teppichknüpferin in Shanghai. In Shanghai lernten sie sich als Rotgardisten kennen und lieben. Seine Eltern drängten Xiao (Kleinen) Li zum Studium, denn auch schon der Vater hatte studiert. Damals wollte die revolutionäre Jugend in der Nähe des Großen Steuermannes Mao sein, und der lenkte Chinas Geschicke bekanntlich von Peking aus. Klein-Li erhielt einen Studien- und Schlafplatz im Fremdsprachen-Institut Nummer 1 von Peking. Nach der Parole »rot und fachkundig« lernte er fleißig Englisch und die Mao Zedong-Ideen. Er machte Karriere, mit 26 war er Übersetzer im Außenministerium. Seiner Freundin Yü schrieb er emsig, regelmäßig zum Frühlingsfest traf sich das Paar in der Hafenstadt Shanghai. Am liebsten wäre Yü mit ihrem Freund nach Peking gegangen, doch da sagte die Familie nein. Eine Frau solle arbeiten und dann Kinder kriegen, meinte ihre Großmutter, und der Vater nickte. So wurde der gefügigen und fleißigen Yü nach der Oberen Mittelschule ein Arbeitsplatz als Knüpferin in der Shanghaier Teppichfabrik Nummer 3 zugewiesen. Die Hälfte ihres Anfangsgehalts, umgerechnet 30 Mark, mußte sie für die Haushaltskasse ihrer sechsköpfigen Familie abgeben. Die Jahre und die politischen Kampagnen vergingen. Seit Chinas Öffnung gen Westen ist Dolmetscher Lao (Alter) Li heute unersetzbar, es ist ausgeschlossen, daß er zu seiner Frau und den beiden Töchtern nach Shanghai zieht. Ja, seit seiner Heirat 1978 lebt das Paar getrennt; sie in einer 35 Quadratmeter großen Werkswohnung der Teppichfabrik, er in einer Einzimmerwohnung des Ministeriums. Zur Geburt der Kinder und zur Beerdigung seiner Mutter reist Herr Li außerplanmäßig nach Shanghai. Ansonsten darf er nur einmal im Jahr für zwei Wochen, meist zum Frühlingsfest im Februar, zu Frau und Kindern reisen.

Was hat Herr Li nicht alles versucht, um seine Familie zusammenzubringen: Über sein Ministerium hat er mindestens dreißig Eingaben an die Fabrikleitung und an das Pekinger und Shanghaier Bürgermeisteramt gemacht. Da der Behördenweg nichts gefruchtet hat, haben beide Hunderte von Handzetteln geschrieben: »Tausche gutbezahlten Arbeitsplatz in Shanghai gegen eine Stelle in Peking.« Nach der Arbeit hatte er die Zettel am Pekinger Bahnhof an Laternenmasten geklebt. Sie hatte das gleiche am Busbahnhof in Shanghai getan. Niemand wollte rotieren, schon am nächsten Tag war das Stellenangebot von neuen überklebt. Inzwischen wird das treue Ehepaar alt und freut sich auf den Jahresurlaub, den es immer mit Geschick um zwei Wochen verlängert. Zum Glück ist die Pensionierung in erreichbare Nähe gerückt.

Nicht nur die Arbeitsplätze in den Staatsbetrieben werden zentral verteilt, auch die Wohnungen und die Zuzuggenehmigung für die Großstädte werden zugeteilt. Solange die Wohnungsnot in den Städten nicht gemildert ist, muß die Verwaltung den Zuzug von neuen Bürgern steuern. Mittlerweile ist die Landflucht so ausgeprägt, daß 100 bis 150 Millionen ehemalige Bauern als Wanderarbeiter in die Städte fluten. Mit *hukou* versuchen die Behörden der Überstädterung zu begegnen. Ohne *hukou* kann man nur schwarzarbeiten und erhält keine Wohnung.

Dolmetscher Li und die Teppichknüpferin Frau Yü leben getrennt und denken nicht an Trennung. Sie fühlen sich glücklich, denn sie haben sich ohne einen Ehevermittler gefunden und nennen zwei Juwele ihr eigen. Wenn sie mit ihren beiden Töchtern auch nur zur dritten sozialen Klasse gehören (im Ansehen rangieren Eltern mit einem Sohn und einer Tochter beziehungsweise mit zwei Söhnen noch vor ihnen), so sind sie mehr als froh, daß sie der Ein-Kind-Politik zuvorgekommen sind. Unser getrennt lebendes Ehepaar gehört bereits zu einer historischen Generation, sie verstehen noch das alte Sprichwort »Eheleute sollten sich zueinander verhalten wie Gäste«. Ihre Töchter und Schwiegersöhne könnten solche eine lebenslange Trennung nie ertragen.

Traditionell leben vier Generationen unter einem Familiendach. So war der Vater den Onkeln der väterlichen Linie gleichgestellt, und die Söhne, Neffen und Vettern nannten sich untereinander »Brüder«. Im Chinesischen gibt es nicht einfach den Schwiegervater oder die Schwiegermutter, sondern den Onkel ersten Grades mütterlicherseits und die Tante ersten Grades väterlicherseits. Dank einer ausgefeilten Nomenklatur läßt sich selbst die Stellung des letzten Schwippschwagers ausmachen.

Bei dieser Familiengilde wurde der Herzenswunsch der jungen Leute meist vergessen, im Vordergrund standen handfeste Interessen, Grundbesitz und Reichtum. Oft verkuppelten die Eltern ihre Kinder. Eine erzwungene Zweckheirat war wie ein Schwur, denn Scheidung war ein Frevel. Der Ehevertrag zwischen der Frau und der Familie ihres Mannes. Offiziell war sie nicht mit ihm verheiratet, sondern hatte in seine Familie eingeheiratet.

Unter diesen Bedingungen führte der Bräutigam die »Auserwählte« mit zitternder Hand zum Ahnenaltar. Er zitterte, weil er sie zuvor nicht gesehen hatte. Während der dreitägigen Hochzeitszeremonie blieb ihr Antlitz unter einem roten Seidentuch verborgen. Die Zwangsheirat im feudalen China trieb viele in den Tod. Mehr junge Frauen als Männer.

Fügten sich die Jungvermählten in ihr Schicksal, waren sie gar noch glücklich, dann wurde nach neun Monaten das erste Kind geboren. Einem Jungen gab die Mutter seinen ersten, vorübergehenden Namen. Einst war bei Mädchen der Name nur bis zur Heirat gültig, heute tragen die Frauen auch nach der Hochzeit ihren Familien- und Mädchennamen.

Welten lagen im alten China zwischen den Geschlechtern. Wurde ein Sohn geboren, dann erhielt er ein Jadezepter als Spielklapper, und die Eltern dekorierten die Haustür mit Pfeil & Bogen. Zur Geburt eines Mädchens war das Geschenk eine Spindel, und die Mutter hing ein Stück Stoff in die Tür. Der Stammhalter wurde weiter bevorzugt: Hundert Tage nach der Geburt kam es zum Ritual zwischen Mutter, Vater und Sohn. Nach alter Auffassung kann der Säugling erst am »Hunderttagefest« lachen, erst jetzt dringt die »höhere« Seele in ihn ein. An diesem Tag gab ihm der Vater, und nur der Vater, in einem aufwendigen Ritual seinen persönlichen Namen, der mit dem Schicksal und dem Leben identisch war.

Diese »höhere« Seele trägt den Namen *hun*. Da in ihr der Atem und die Lebensenergie *qi* beheimatet sind, heißt sie auch Atemseele. Die zweite Seele, die niedere, heißt *po*. Sie ist die Seele des Blutes und des Körpers. Von der Geburt bis zum »Hunderttagefest« wird der Säugling von *po* beherrscht.

Einst mußte das Neugeborene die ersten drei Tage seines Lebens ohne Nahrung in unmittelbarem Kontakt mit der Erde verbringen, denn »Lebensgeist und Atem eines Kindes sind kraftlos«. Erst durch die Berührung mit Mutter Erde kann das Leben in ihm wachsen und stärker werden. Die Vorstellung, daß eine eigentliche Seele den Körper belebt, war den Chinesen fremd, sie glaubten so könnte man sagen, daß diese erst nach der Anreicherung des körperlichen Daseins in Erscheinung tritt. Unser Begriff für »Seele« hat im Chinesischen keine Entsprechung. Dem Körper kommt eine größere Bedeutung zu: »Sei still; sei rein; ermüde nicht deinen Körper; verwirre nicht deine Lebenskraft – und du wirst dauern. Denn wenn das Auge nichts sieht und das Ohr nichts hört und das Herz nichts weiß, wird die Seele sich den Körper erhalten, und das körperhafte Selbst wird dauern.«

Nach dem Tod trennen sich die beiden Seelen wieder

in die vergängliche Körperseele *po* und die unvergängliche Atemseele *hun*.

Dieses Ritual der Namensgebung wurde nur bei einem männlichen Nachkommen vollzogen. Heute herrscht mehr Gerechtigkeit. Mädchen und Jungen erhalten zum »Hunderttagefest« Seidenpantöffelchen, auf die entweder die Oma oder die Mutter ein Tigerantlitz gestickt hat.

Die Mädchen können heute Tiger-Glückwünsche wieder gut gebrauchen, denn sie werden nach Jahrzehnten wachsender Stärke erneut zum schwachen Geschlecht degradiert. Da seit 1983 eine junge Familie – die meisten der 55 Nationalitäten sind ausgenommen – für das zweite und jedes weitere Kind mit Lohnverzicht, kleinerer Wohnung und sozialem Gesichtsverlust bestraft wird, werden immer mehr weibliche Föten abgetrieben und neugeborene Mädchen wie in alten Zeiten erstickt oder ertränkt.

Jede städtische Familie, die gegen die Ein-Kind-Politik verstößt, wird bestraft. Waren es früher 300 Yuan Strafe, so sind es inzwischen beim ersten unerlaubten, also beim zweiten Kind, 2900 Yuan. Und beim dritten 5800 Yuan. Für die Bauernschaft gilt eine liberalere Nachwuchspolitik: Ist das erste Kind ein Mädchen, dann darf noch ein zweites gezeugt werden. In der Stadt und auf dem Land gilt gleichermaßen, daß ein zweites Kind erlaubt ist, wenn das erste behindert ist. Diese reglementierte Bevölkerungspolitik ist umstritten, vor allem wegen erzwungener Abtreibungen und Zwangssterilisationen. Inzwischen sind die Proteste leiser geworden, denn die Behörden sind nachsichtiger. Proteste im Ausland haben viel bewirkt.

Das Bevölkerungswachstum zu beschränken ist zwingend, denn China befindet sich in einem Kriegszustand. Vor zwei Jahrzehnten wurde noch alle vierzig Sekunden ein Kind geboren, heute nur noch alle drei Minuten. Wie sollen die Neugeborenen ernährt werden, wenn bei jeder Mißernte Millionen der Unterernährung anheimfallen? Im Agrarland China sind elf Prozent der 9,56 Millionen Quadratkilometer großen Gesamtfläche für den Anbau nutzbar, während 89 Prozent aus Wüste, Steppe und unwegsamen Bergen bestehen. Die Urbanisierung frißt zusätzlich kostbaren Grund und Boden. Das volkreichste Land der Erde muß sein Bevölkerungswachstum begrenzen, sonst drohen wieder Hungersnöte. Wurden früher 22 Millionen Geburten pro Jahr verzeichnet, so sind es heute »nur« noch 17 Millionen.

Über der großen Politik der Männer gingen die »kleinen« Wünsche und Rechte der Frau verloren: Sie, die seit 1949 Großartiges als berufstätige Mutter geleistet hat, gerät ins Hintertreffen. Ihre Lobby in der Partei ist zahnlos, und die Frauenverbände sind zu linientreu und gar nicht feministisch. Diese Verbände müßten mehr Bildung für die Frau durchsetzen; von den 220 Millionen Analphabeten sind 70 Prozent Frauen. Außerdem müssen die Verfassungsrechte (Artikel 48 und 49, gleicher Lohn und gleiche Rechte für Frauen und Männer) besser geschützt werden.

Die Forderung nach privater Kindererziehung ist nicht Ausdruck einer neuen Mütterlichkeit, sondern der Erkenntnis, daß seit 1949 die Kleinen zu eilfertig in Kinderkrippen abgeschoben wurden, weil die Eltern berufstätig sind. Als ideale Erziehung wird heute das Verhalten einer »Modell-Ehefrau« namens Li Yuqin propagiert.

Frau Li ist mit einem Computertechniker verheiratet. Ihr Mann hat Probleme mit den Computern, deshalb macht er Überstunden, ißt und schläft im Büro. Vorbildlich, würde jeder Arbeitgeber sagen! Ein harter Winter. Der zweijährige Sohn wird über Nacht schwerkrank. Die Mutter will den fleißigen Vater nicht stören, also packt sie sich das Kind auf den Rücken und schleppt den Fieberkranken ins Krankenhaus. Der Notarzt stellt eine schwere Lungenentzündung fest, es geht um Leben und Tod. Frau Li Yuquin bringt es nicht übers Herz, ihren Mann im Büro anzurufen und ihn um Hilfe zu bitten. Sie wacht drei Tage und drei Nächte am Bett ihres Sohnes, ohne den Vater zu behelligen. Das Fieber sinkt, nach einer Woche kann das Kind entlassen werden. Vom Todeskampf und ihrem Heldenmut erfährt der Computeringenieur erst nachträglich. Da Herr Chen einen »bedeutenden« Beruf ausübt, hat ihn seine Frau nicht gestört.

Die Frau ist aufgeblüht, sie hat die Fußbandagen abgestreift. Der Mann ist nicht mehr Hüter der staatlichen Ordnung, sondern Schrittmacher des technologischen Fortschritts. Beide gehören zusammen wie Zähne und Lippen, sagt man landläufig. Mag sein, aber eine Einheit sind sie noch lange nicht.

Seide und die Regungen des Herzens

Strauchdiebe hatten einen reichen Bauernhof überfallen und den Grundherren verschleppt. Das Gehöft kam nicht zur Ruhe, als am nächsten Tag sein Roß auftauchte. Das gesattelte Tier trabte herrenlos in den Hof. Die Bäuerin glaubte ihren Gatten schon verloren. In ihrer Verzweiflung schwor sie: Wer ihn findet, der erhält die Tochter zur Frau. Kaum war der Schwur getan, bäumte sich der Hengst auf und galoppierte erneut davon. Dem Tier gelang, was keinem Knecht gelungen war: Es fand den Herren und kehrte nach einigen Tagen mit ihm im Sattel zurück.

Immer wenn die schöne Tochter den Stall betrat, hörte der Hengst auf zu fressen, wieherte und scharrte mit den Hufen; er forderte seinen Tribut. Verstört erzählte die Tochter es der Mutter, und diese beichtete ihrem Mann den Schwur. Der Bauer glaubte seinen Ohren nicht zu trauen. Wütend über die Anmaßung, tötete er sein Reittier, zog ihm die Haut ab und hängte diese zum Trocknen im Freien auf. Die Tochter glaubte sich nun vom Schwur befreit und umtänzelte spottend die traurigen Überreste.

Plötzlich fuhr Leben in die Pferdehaut: Gleich einem beseelten Wesen warf sie sich über das törichte Kind und entschwand mit diesem. Sofort begann die Suche nach der jungen Schönheit. Nach Stunden entdeckte ein Knecht auf einem nahen Maulbeerbaum ein fremdartiges Wesen, das sich zu einem weißen Kokon verspann. Daß sich darin die Tochter des Hauses verbarg, erfuhren die Menschen erst, als sie bei Vollmond die Schöne auf dem Pferd des Vaters über das Firmament reiten sahen. Ein Wunder war geschehen, aus der Bauerntochter hatte sich eine Seidengöttin entpuppt. Diese Sage, die Sage von der »Pferdekopfdame«, *matu niang*, wird heute noch mündlich überliefert.

Da die Entdeckung der Seide älter ist als jede archäologisch nachweisbare Datierung, finden wir sie bereits im Reich der Mythen, im Reich des legendären Gelben Kaisers.

Kaiserin Xiling liebte die Natur über alles. Oft lustwandelte sie in den Palastgärten, wo sie sich am liebsten im Schatten eines Maulbeerbaumes zur Teezeremonie niederließ. Eines Tages fiel ihr, plopp, ein kleines, weißes Etwas in die Teeschale. Auf den ersten Schreck folgte Erstaunen, denn nie zuvor war ihr etwas so Fremdartiges wie ein Seidenkokon unter die Augen gekommen. Göttlich begabt, erfaßte sie schnell das Wesen des federleichten, wattigen Gespinstes, das kleiner als ein Wachtelei ist. Auch ihr wird heute die Entdeckung der Seide und das erste Abhaspeln des wertvollen, scheinbar unendlichen Fadens zugeschrieben.

Wer darf sich nun »Ahnfrau des Fadens« nennen, die vorlaute Bauerntochter oder die Gelbe Kaiserin?

Die »Königin der Textilien« ist nicht nur edel, sondern auch überaus lebensfähig. In Königsgräbern aus dem zweiten Jahrtausend v. Chr. entdeckten Archäologen noch erhaltene Seidenfahnen, Sonnenschirme und Gewänder aus Seide, *si*, gefärbt, bemalt oder naturfarben belassen. Das konfuzianische »Buch der Urkunden« belegt, daß die Seidengewänder des mythischen Kaisers Yu von tiefem Rot und sattem Schwarz waren und dem »Ordner des Wassers« als Tribut vor den Thron gelegt wurden. Die Annalen vermerken weiterhin, daß die ersten Kaiser persönlich die Seidenraupenzucht, das Weben und Färben kontrollierten, und daß es bei Hofe eine Polizei zur Überwachung der kaiserlichen Spinnereien gab. Am seidenen Faden hingen später auch Sitten und Gebräuche des Volkes.

Während der Ackerbau als Domäne des Mannes galt, war die Seidenraupenzucht der Frau vorbehalten. Und es war ein ehernes Gesetz, daß alle jungen Mädchen beim Eintritt ins Heiratsalter mit der Seidenraupenzucht beginnen und die »dritte Tante«, *sangu*, als Göttin der Zucht verehren mußten. Überhaupt gingen Harmonie und Volkswohl im antiken Staatswesen mit der Seide zusammen. Hätte sonst Menzius (372–289 v. Chr.), Konfuzius' berühmtester Schüler, den Herrschern seiner Zeit empfohlen: »Laßt Maulbeerbäume um alle Anwesen von 5 *mu* pflanzen, und alle Leute über Fünfzig werden in Seide gehen«.

Hinter dieser Aufforderung zum Bäumepflanzen stand neben dem Wunsch nach einer vornehmen Volksbekleidung für die ehrwürdigen Alten, eine Kampfansage an das Seidenprivileg des Adels. Ob Höflings- oder Bürgergewand, stets waren die bunten Seidenroben mehr als nur eine Augenweide. Im alten China wohnte den Farben eine nuancierte Symbolkraft kosmischen Ursprungs inne. Jede Grundfarbe wurde mit einer Jahreszeit, einer Himmelsrichtung und mit einem der fünf Elemente in

Verbindung gebracht: Grün fand seine Entsprechung im Frühling, im Osten und im Holz. Rot verkörperte den Sommer, den Süden und das Feuer. Weiß war dem Herbst, dem Westen und dem Metall vorbehalten, und Schwarz stand für Winter, Norden und Wasser. Die Farbe aller Farben aber war Gelb. Gelb entsprach der fünften Himmelsrichtung, der Mitte – der Verbindungsachse zwischen Himmel und Erde.

Ab dem sechsten Jahrhundert trat Gelb an die Stelle von Rot und wurde die Ehrenfarbe, die allein dem »Sohn des Himmels« zustand. Palastvorschriften bestimmten außer Farben und Farbkombinationen auch das Färben der Seide. Weder in der Färbermetropole Wuhu am Yangtse-Fluß, noch in den Zentren der Seidenspinnerei, den Gartenstädten Suzhou, Hangzhou und Nanjing, wagte ein Färber gegen die kaiserlichen Vorschriften aufzubegehren.

Im »Färbermonat« (September) ist der Himmel am klarsten und sind die Nächte am lauesten. Dann holten die Färber traditionell ihre Bottiche hervor und rührten Essenzen aus Blättern, Rinden und Wurzeln von Goldweide, Ahorn, Pappel, Walnuß und Färberdistel an. Ihr Handwerk, übrigens eine indische Erfindung, wollte gelernt sein: Obwohl Seide wie Wolle eine Proteinfaser ist, muß bei Seide haarfein auf die Regelmäßigkeit der Farbtränkung geachtet werden. Hat der Stoff die Farbe gut angenommen, dann spiegelt sich das Licht auf dem Tuch wie in einem matten Bronzespiegel, jetzt ist das Ausgangsmaterial für bunte, fließende Gewänder geschaffen.

Auf dem Thron saß ein ziemlich farbloser Kaiser der Han-Dynastie, als der Oberaufseher der kaiserlichen Werkstätten, der Generaleunuche Cai Lun, um 105 n.

Chr. einen Brei aus dem Bast des Maulbeerbaumes und aus zerschlissenen Seidenlumpen in Hadernpapier verwandelte.

Genaugenommen kannten die Chinesen damals bereits seit 200 Jahren minderwertiges Hanfpapier, das aber eher den Namen Packpapier verdiente. Das erste, echte Papier erfand jener mächtige Eunuche.

Papier aus der Rinde des Maulbeerbaumes und aus Bambusblättern wetteiferte lange mit Seide als Malgrund. Schließlich setzte sich das Papier durch, denn es war glatter als das Gewebe. Seidenen Malgrund fertigte man lange in grober Taftweberei. Erst im zehnten Jahrhundert kam die weiche, besonders eng gewebte »Akademieseide« in die Ateliers, wo sie neben dem Reis- oder Bambuspapier als klassischer Malgrund noch heute zu finden ist.

Über die Jahrhunderte erwies sich Papier als haltbarer. Im hohen Alter verliert das Seidengewebe seine Bindekraft. Kratzt man mit dem Fingernagel an einem tausend Jahre alten Seidenbild, schält sich das Gewebe in Flocken ab. Erhaltene Seide aus der Song-Zeit ist heute stumpf und erinnert an Hanf. Hätte sich das Gespinst der Seidenraupe allerdings nur durch Nachteile ausgezeichnet, wäre es bestimmt vom Papier verdrängt worden. Das älteste Seidenbild der Welt ist noch in Teilen erhalten. Es stammt aus der Zeit um 500–300 v. Chr. und wurde in der Oase Niya (Minfeng), 280 Kilometer östlich der Stadt Hotan in den Dünen der Todeswüste Takla Makan entdeckt.

Schon früh färbte man Seide, um Kleider zu schneidern. Schneidern ist eigentlich der falsche Begriff, denn einst bestanden die Seidenkleider aus einer um den Körper drapierten Riesenschleppe. Die Couturiers der Frühzeit überließen Einfallsreichtum und Phantasie dem Kunden, sie boten lediglich zwei vorkonfektionierte und rollierte Einheitsschnitte an: für die extravagante Robe den »Schrägschnitt«, der ganze 32 Meter einer 50 Zentimeter breiten Seidenbahn verschlang. Und für die schlichte Robe den »geraden Schnitt«, für den 23 Meter genügten. Die Haute Couture der chinesischen Antike lag also in den Händen des Kunden. Überlebt hat die »Kunst des Wickelns« bei den Kutten der buddhistischen Mönche.

In der Tang-Zeit, der Blüte des chinesischen Altertums, mußten die Färber umlernen, denn jetzt kam der Stoffdruck mit Holzmodeln auf. Die eigentliche Revolution in ihrer Zunft hatte sich allerdings schon früher vollzogen, als man durch Wachsreservierung, durch Auftragen einer Reispaste oder durch Einschnüren von Reiskörnern Muster in die Stoffe einfärbte. Mit der Reservetechnik wurde die Farbe an den behandelten Stellen ausgespart. Schon im zweiten Jahrhundert hatte die Seidenfärberei Konkurrenz bekommen. Das »Malen mit der Nadel«, die Seidenstickerei, war in Mode gekommen. Bis heute gilt sie weltweit als typisch chinesische Zierde des edelsten aller Textilien.

Gefärbt, bemalt, bedruckt, bestickt genießen wir die Seide, ohne zu bedenken, daß das Gespinst des *Bombyx mori* über Krieg und Frieden entschied, daß es im Zahlungsverkehr noch wertvoller als Gold, nämlich so kostbar wie Getreide war. Der Seidenfaden rettete schon viele Leben. So zeigte die erste Kompaßnadel der Welt nur deshalb in die richtige Richtung, weil sie an einem Seidenfaden hing.

Seide diente von Anfang an als Malgrund für Texte und

Bilder. Schon bald nach ihrer Entdeckung löste sie die Schreibtafeln aus zusammengebundenen Bambustäfelchen ab. Seide war luftiger, widerstandsfähiger, leichter zu beschriften und gerollt besser zu verstauen. Auf Papier oder einen Seidengrund schreibend zu malen oder malend zu schreiben, nennen Chinesen Kalligraphie.

Ursprünglich spannte der Kalligraph oder Malkünstler den Malgrund im Querformat auf. Seit dem dritten Jahrhundert bevorzugt er die »Hängerolle«, populär »Rollbild« genannt. Das Rollbild entwickelte sich aus dem Banner, das neben Wandmalerei die Wände buddhistischer Tempel zierte. Im Wohnhaus schmückte das Rollbild das Zentrum, die Große und die Kleine Halle. Es diente sozusagen als werktäglicher Wandschmuck, während der Hausherr die wertvollere Querrolle nur sonntags hervorholte und nach dem Betrachten wieder in einer Holzkassette verschwinden ließ.

Die Chinesen machten aus ihrer Maltechnik nie ein Geheimnis, denn da gibt es keine komplizierte Untermalung oder Grundierung der Malfläche, die im Zuge der eigentlichen Bildgestaltung unter Lasuren oder dem Auftragen opaker Farben immer mehr verschwindet. Die Seide, entweder in aufgeleimtem oder aufgespanntem Zustand, wird vor dem Bemalen lediglich gegen Fettspuren mit Kreide poliert. So bleibt der Pinselstrich klar definiert und in seinem linearen Charakter erhalten. Auch wenn durch Auslaufen der Tusche ein pelziger Rand entstehen kann.

Schönschreiben und Malen bedarf eines Gerätes besonderer Güte, nämlich eines erlesenen Pinsels. Um einen Halter aus Holz, Silber oder Elfenbein sind Umhüllungshaare befestigt, die nach innen eine Höhlung als

Reservoir für die Farbe bilden. Innen besteht der Quast aus saugfähigem Kaninchenhaar. Nach außen wird er von elastischen Hirsch- oder Ziegenhaaren umschloßen. Das Gerät sieht einfacher aus, als es zu handhaben ist. Beim Kalligraphieren wird der Pinsel senkrecht zwischen drei Finger geklemmt. Weder er noch das Handgelenk dürfen sich beim Schreiben bewegen. Die Dynamik der Pinselführung erwächst ausschließlich aus Ellbogen- und Schultergelenk. Beim Schreiben mit einem Pinsel ermüdet der Ungeübte schnell, denn er kann seinen Unterarm und das Handgelenk nicht abstützen.

Die Tusche ist das Mark der Malerei. Kiefernruß, mit Knochenleim zu einem Tuschstein geformt, gibt ihr Schwärze und Konsistenz. Der Kalligraph mischt sich seine ganz persönliche Tusche, indem er den gepreßten Ruß mit Wasser auf einem Reibestein aus Kalkschiefer anrührt. Erst nach diesem »Aufwärm«-Ritual setzt er Pinselstrich auf Pinselstrich. Die Linie ist der Spiegel seiner »Handschrift« und der Gradmesser seines künstlerischen Ranges. »Die Malerei«, schrieb einst ein Kunsttheoretiker, »das sind Pinsellinien, und diese wiederum zeigen die Regungen des Herzens.« Zeigt diese Art des Schreibens nicht ein Sichtreibenlassen im Akt des Malens? Nicht eine ganz subjektive Empfindung des Künstlers?

Mit »gehaltvollen« Linien modelliert der Kalligraph die Struktur oder, besser, er gibt dem Bild seinen »Knochen«, wie es wörtlich heißt.

Die chinesische Malerei kennt zwei Schulen, die nordchinesische des »sorgfältigen Pinsels« und die des »spontanen Pinsels«. Die Bilder des ersteren, des *gongbi*-Stils, waren bis ins 19. Jahrhundert hinein im wesentlichen zweidimensional, ohne die Technik des Halbdunkels und der Tiefe – eher Zeichnung als Malerei. Ihr Hauptmerkmal war die isometrische Perspektive; im Bildaufbau sind Vorder- und Hintergrund gleich groß gestaltet. Nur durch eine raffinierte Verschiebung auf der Fläche wird der Eindruck von Ferne erweckt. Der nördliche Stil ordnet die Darstellung des Menschen der Linie unter, so werden Menschen zu »Gewandfiguren«. Der Mensch wirkt oft nur als Accessoire der Natur, als Beiwerk von Felsen und Bäumen.

Pflanzen, allen voran der Bambus als Symbol für Kraft und Beständigkeit, werden in ihrer natürlichen Bewegung eingefangen und oft im Detail dargestellt. Um einen sich im Wind wiegenden Bambus meisterlich malen zu können, »mußte der Maler selbst zum Bambus werden«. Das gelang ihm nur, wenn er lange meditierte. Auch die Maltechnik richtete sich nach dem Wesen des abzubildenden Gegenstandes: Den Flaum von Vögeln fingen verfließende Tuschlinien ein, während Gras- und Schilfhalme nach einer kräftigen Lineatur und ein Baumstamm nach einem fetten Klecks verlangten. Zur höchsten Blüte in der Pflanzenmalerei brachte es die Stilrichtung »Die Vier Edlen«, die sich auf Pflaumenblüte, Orchidee, Chrysantheme und Bambus spezialisiert hatte.

Eine sanfte Revolution brachte schließlich kleinformatige, geradezu leer wirkende Bilder im »spontanen Pinsel«, *xieyi*, hervor. Dem neuen Stil fehlte der »Knochen«, er begeisterte durch eine aquarellartige Leichtigkeit. Eine räumliche Dimension erreichten die spontanen Maler durch dezent abgestufte Tiefen in der Tuschgebung. Sie bezeichneten sich als Literatenmaler und wollten mit ihrem Schaffen die klassischen »Drei Künste« von Poesie, Kalligraphie und Malkunst in einem neuen Stil vereinen.

Vieles von dem, was damals zunächst wie eine Neuerung aussah, entpuppte sich im späten Stadium als Neuauflage längst verflossenen Schaffens. So die farbigen *gongbi*-Alben »Zehnbambus-Halle« und »Senfkorngarten« und das wohl längste und komplizierteste Gemälde der Weltkunst, die »Bilder von der Südreise«, *nanxun tu*, des Kangxi-Kaisers. Im Jahre 1691 beauftragte dieser Kaiser den Maler Wang Hui, einen Zyklus aus zwölf Querrollen mit einer Gesamtlänge von über 230 Metern zu schaffen. Anonym ließen sich die landesweit berühmtesten Maler des »sorgfältigen Pinsels« für die Erstellung dieses Monumental-Genres engagieren. Auf dem »Bild der Bilder«, dessen einzelne Seidenrollen 68 Zentimeter breit und zwischen 15 und 26 Meter lang sind, findet man im Gegensatz zu sonstigen Werken der Seidenmalerei weder Stempel noch Signaturen. Die in sorgfältigen Stilvariationen und in goldfarbenem Ton gehaltene narrative Bilderserie dokumentiert die Höhepunkte der über 1500 Kilometer langen kaiserlichen Inspektionsreise nach Südchina. Die Ausgangsrolle – mit über 1200 Figuren – zeigt den Aufbruch des höfischen Trosses im winterlichen Peking am 28. Januar 1689, auf der zwölften ist ihre Rückkehr in die Verbotene Stadt am 8. April desselben Jahres dargestellt. Politische Wirren, Kriege und kolonialistische Arroganz hatten zur Folge, daß der heute noch neun Seidenrollen umfassende Set auseinandergerissen wurde: Von New York bis Peking ist er über den Erdball verstreut.

In einem weiten Bogen haben wir den Blick vom Reich der Mythen bis in die Neuzeit schweifen lassen, um das Wesen der chinesischen Kunst zu offenbaren: sanftes Pendeln zwischen Traum und Wirklichkeit. Qi Baishi (1863–1957), der »Picasso Chinas«, formulierte dieses Pendeln typisch chinesisch, nämlich pragmatisch: »Ein Bild, das bis in jede Einzelheit genau ist, ist kitschig. Wenn aber ein Bild mit der Wirklichkeit nichts gemein hat, ist es eine Lüge. Entstanden ist ein Werk, wenn es zwischen realitätsgetreu und irreal einzustufen ist.«

Mondhell in dunkler Nacht

Weißer Puder und kalkweiße Pasten wirken hormonell, sie geben männlichen Gesichtern weibliche Züge. Wie zu einer einzigen Fläche verstrichen, erscheinen die Stirn, der Nasenrücken und das Kinn des Opernschauspielers. Gemalte Brauen schwingen sich darauf gleich Schmetterlingsflügeln in die Höhe, und ein karminroter Mund tritt leuchtend hervor. Dagegen wirken die Bühne geradezu karg, der Kulissenvorhang schäbig und der Holztisch im Herzen des Geschehens karg. »Die Bühne«, sagt Meister Li, »darf schmucklos, ja ärmlich sein, doch das Gesicht des Schauspielers muß strahlen wie der Vollmond in dunkler Nacht.«

Wie die Kostüme, die Gebärden und die Gestik unterliegt jeder Pudertupfer und Pastenfleck auf dem Antlitz einem jahrhundertealten Diktat. Wenn durch sorgfältige Schminkarbeit, durch rotes und rosarotes Umranden, aus gewöhnlichen Schlitzaugen große mandelförmige Augen geworden sind, wenn ein Männergesicht nach einer halben Stunde Fleißarbeit im Schummerlicht weiblich weiche Züge aufweist, sieht es aus, als wolle ein Zwitter, ein Sohn eines chinesischen Hermes und einer chinesischen Aphrodite, die Zuschauer betören.

Das Publikum verlangt nach der Schönheit der Jugend, denn seine ist längst verblüht. Im Zuschauerraum sitzen vorwiegend ältere Hausfrauen und eine Handvoll Rentner, die ihre Enkel zur Vorstellung mitgebracht haben. Eine klassische Oper in Peking, Shanghai und Hongkong zieht wenig Jugend an, denn statt erbarmungslosem Kungfu gibt es höchstens zahme Saltos und einen scheppernden Kampf mit Blechschwertern zu sehen. In den meisten Vorstellungen ist sowieso der himmlische Friede angesagt: höfischer Alltag, harmloses Intrigenspiel und altchinesisches Liebeswerben.

Der Vorhang schwingt auf, ein beschwipster Mandarin torkelt auf die Bühne. Mit lallender Zunge singt er, daß Prinz Sun eine neue Geliebte hat. Er singt mit marternder Falsettstimme über die Schönheit des holden Fräuleins. Ein Trommelwirbel läßt ihn zusammenzucken. Er verstummt und erstarrt. Langsam hebt er den ausladenden »Wasserlaufärmel« seiner bestickten, kaisergelben Seidenrobe wie ein Tuch vor Brust und Gesicht – mit dieser Geste macht er sich unsichtbar.

In glänzendem Weiß, auf dem Kopf eine Perlenkrone, gleitet der Held aus der Oper »Die glücksbringende Vereinigung von Drachen und Phönix« auf die dunkle Bühne. Weich geschminkt, zeigt sich Prinz Sun in einer, mit versteiften Flügeln geschmückten Seidenrüstung, *kao*. Er spreizt die Finger der Rechten zum Orchideen-Gruß, um wenig später die Päonien-Phönix-Verneigung darzubieten. Bis auf die Kinder an der Brüstung hat jeder Erwachsene den Hinweis auf die geschlechtliche Vereinigung von *yin* & *yang* verstanden. Feenhaft leicht umkreist er den erstarrten – wegen des vorgehaltenen Ärmels noch immer unsichtbaren – Mandarin enger und enger und singt dabei zu einer wimmernden Kniegeige, *erhu*.

Ein guter Peking-Opernschauspieler muß ein vierfacher Virtuose sein, nämlich Sänger, Rezitator, Akrobat und Mime. Das gleiche gilt für die Prinzessin Tang, die inzwischen zum rhythmischen Schlagen einer hölzernen Klapper auf die Bühne geschwankt ist. Auf ihren weißen hohen Filzschuhen, den Überresten von Stelzen, wirkt sie unsicher, als hätte sie Lilienfüße. Was hat es bloß mit dem schwankenden Gang und der Roßhaarpeitsche in ihrer Hand auf sich? Die Unsicherheit und die Peitsche deuten an, daß die Prinzessin auf einem Pferd hereingeritten ist. Wie ausgeklügelt und symbolträchtig doch jede Bewegung der chinesischen Oper zu sein hat! Um aus dem Sattel zu steigen, schlägt das adlige Fräulein mit dem Roßschweif nach unten.

Für den inzwischen ausgenüchterten Mandarin gilt diese Geste als Zeichen zum Sichtbarwerden. Jetzt sind die drei ein echtes Trio, und die Oper treibt zügig ihrem Höhepunkt entgegen. Zum Gongschlag eines verborgenen Orchesters stimmen alle drei ein Loblied auf das erotische »Wind- und Regenspiel« an. Ihre Harmonie läßt das Happy End erahnen: Prinz Sun und Prinzessin Tang vermählen sich, während der Mandarin ihr heimlicher Liebhaber wird.

Ein Gongschlag und ein sphärisch angehauchter Wirbel, mit zwei Bambushämmerchen der chinesischen Harfe *yangqin* entlockt, verkünden die Pause. Mit wenigen Handgriffen wird die Kulisse zur Seite gezerrt, und zwei kostümierte Schauspieler lassen sich, der eine mit Bier, der andere mit Tee, an dem kargen Tisch auf der Bühne nieder. Das Publikum strebt ins Freie. Mußte es sich während der Aufführung mit Melonenkernen begnügen, so greift es jetzt nach etwas Herzhaftem, nach gedämpften Fleischtaschen und nach eisgekühlter Cola.

Unter den Besuchern kommt Jahrmarktsstimmung auf. So schwatzhaft und laut muß es früher auch während der Vorstellung zugegangen sein. Auf Wunsch erhielten die Zuschauer über die Köpfe der anderen hinweg, heiße Erfrischungstücher zugeworfen. Früher brach der Schauspieler unversehens eine Arie ab, um seine Stimme mit einem Schluck aus der Teetasse zu ölen.

Nach dem Pausengong sammelt sich das Publikum zur zweiten Oper. Das Stück »Der Leopardengott mit dem Goldmünzkleid« regt zum Lachen an, denn der gierige Leopardengott umwirbt eine zarte Fee, die sich später als dickes, schwarzes Schwein in seinem Brautbett wälzt.

Ein guter Schauspieler lernt über zehn Jahre lang die Techniken der klassischen Peking-Oper, *jingju*. Die übersteigerte Theatralik, die ausgeklügelte Symbolik, die maskenhafte Schminktechnik und das konträre Aufeinandertreffen von Handlung und Gegenhandlung erfordern eine umfassende Ausbildung. Die Wurzeln der chinesischen Oper reichen bis tief in die Antike zurück, es sind die rituellen Lieder und Tänze der Zhou-Dynastie, die vor 3000 Jahren herrschte. Über die Zeit verwoben sich Lieder, Tänze und Verse sowie die Akrobatik unterschiedlichsten Lokalkolorits. Das gleiche geschah mit den Themen, die dem Reigen der Volksmythen und Legenden entstammen. Doch nicht nur die kaiserliche Peking-Oper hat eine überragende Tradition, sondern auch die Kanton-Oper, *yueju*. Mit dem Exodus von Hunderttausenden aus China breitete sie sich zwischen 1720 und 1900 zu einer überregionalen Operngattung in ganz Südostasien aus. Heute findet man Ensembles der Kanton-Oper in Singapur, Bangkok und Malaysia.

Im Freien flammen die Gaslampen der Garküchen auf.

Hinter der Bühne sitzen die Schauspieler vor ihren Tiegeln mit dem weißen Puder und den kalkweißen Pasten. Für die letzte Vorstellung muß das Gesicht noch einmal mondhell leuchten.

Einsilbig, dafür eine Augenweide

»Ach, Sie können Chinesisch!« Wieviel Bewunderung und Erstaunen, ja, Ungläubigkeit in dieser Bemerkung mitschwingt. Erheblich gedämpfter fallen die Reaktionen aus, wenn ein Chinese sein ganz passables Deutsch hervorholt. Anerkennung erntet er erst, wenn sein »R« als solches und nicht als »L« über die Zunge rollt. Das Fremde ist eben aufregender, und Chinesisch ist geradezu exotisch.

Nicht vom gesprochenen Wort, sondern vom Zeichen werden wir gefesselt. Die Schriftzeichen, die gleich knorrigen Wurzeln oder altertümlichen Formeln Rätsel aufgeben, und nicht der eher monotone Singsang wecken unsere Bewunderung. Wer eine chinesische Tageszeitung lesen kann, darf bewundert werden, denn er beherrscht mindestens 3000 verschiedenartige Zeichen.

Vom Mythos des Geschriebenen profitiert das Gesprochene wie ein Parasit. Es ist ja so leicht, Brocken wie *ni hao* (Guten Tag) oder *xie xie* (danke schön) aufzuschnappen. Allein durch genaues Hinhören kann man ganze Sätze nach einer dreiwöchigen Reise als Souvenir mit nach Hause nehmen. Die Verwirrung ist allerdings vorprogrammiert: Sagt ein Kantonese zu seinem Landsmann aus Peking »Schuh«, dann versteht dieser »Kind« – so verschieden sind die Dialekte zwischen der Metropole im Süden und der im 2300 Kilometer entfernten Norden. Erst auf dem Papier wird Chinesisch eindeutig.

Wer das konkrete, manchmal derbe, oft gefühlvolle, aber immer zur Stellungnahme auffordernde Wort liebt, sollte Chinesisch lernen. Für verzogene Kinder wäre diese Sprache geradezu ideal, denn um ein einziges Begehren zu formulieren, werden ganze Wortgebäude gezimmert. Chinesisch ist nicht schlicht und geradeheraus, es ist schillernd. Die Bezeichnung »Greis« zum Beispiel wäre einem Chinesen viel zu ungenau. Er will wissen, ist der Alte noch rüstig, ist er weise oder ist er vom Schwachsinn gezeichnet. So hantiert er mit mehreren, höchst detaillierten Begriffen, die für verschiedene Aspekte des Alterns in den Mund genommen werden, und regt zum Assoziieren an.

Im Deutschen heißt es: ein Wort, ein Sinn. Im Chinesischen bleibt ohne Zusammenhang alles zweideutig. Das ist Absicht, noch nie wollten die Chinesen ein Instrumentarium klarer Ausdrücke schaffen, die lediglich als Zeichen taugen. Vielmehr legen sie großen Wert darauf, daß jedes Wort Gefühle weckt, und zwar die Empfindung, daß es eine natürliche Einheit von Wort und Handlung gibt.

Unterentwickelt sind im modernen Hochchinesisch (*putonghua*) Phonetik und Morphologie, mit einem Lautbestand von nur 411 Silben ist das allgemeine Ausdrucksmedium eher dürftig (das Deutsche verfügt über mindestens 10000 Silben, dreisilbige Wörter kommen am häufigsten vor). Das Chinesische formiert sich vor allem aus einsilbigen, oft ähnlich lautenden Wortstämmen und wird deshalb monosyllabisch genannt. Durch das, was in unseren Ohren wie Singsang klingt, werden aus 411 praktisch 1300 Silben. Gemeint sind die vier Tonhöhen: gleichbleibend hoher Ton, steigender Ton, fallend-steigender Ton und fallender Ton (rein theoretisch 411 x 4). Der Gipfel ist schließlich, daß gleichklingende Worte wie *mao* unterschiedliche Bedeutungen (Katze, Speer, Schädling, Haar, Familiename) haben können und nur aus dem Schriftzusammenhang zu identifizieren sind.

Da inzwischen ein großer Bereich der Umgangssprache aus Silbenkombinationen – mit »Elektrischer Schatten« ist nicht ein Ventilator, sondern der Film gemeint – besteht, können zahlreiche Worte mit den 26 Buchstaben des Alphabets erfaßt werden. Dieses recht komplizierte Unterfangen wird seit 1958 praktiziert, aber auch kritisiert. Pinyin, wie die Transkription genannt wird, ist seit 1979 von der UNO als offizielle Umschrift in alle latinisierten Sprachen anerkannt. Franzosen, Engländer und Deutsche haben jetzt den gemeinsamen Ausdruck *Beijing* für Peking. Ohne Unterschied können sie auf den Straßenschildern der Großstädte die Pinyin-Umschrift unter den chinesischen Schriftzeichen lesen – aber nicht aussprechen, denn die Transkription gibt Rätsel auf. Nur die tönenden, stimmreichen Vokale entsprechen recht genau denen im Deutschen, während es bei den Konsonanten ziemliche Unterschiede gibt.

Im sechsten Jahrhundert – der Buchdruck war gerade erfunden – begannen Gelehrte mit der Erforschung einer Sprache, die bereits in der Shang-Dynastie (1600–1100 v. Chr.) eine Kultursprache war. Die Vorfahren der Han palaverten in einer Mischung aus Chinesisch und Tibetisch. Ihre Wörter hatten Vor- und Nachsilben und nicht wie heute nur den einsilbigen Stamm, ihre Sprache hatte viel mehr Klang- und Lautbilder (acht statt vier Tonhöhezeichen).

Lauscht man den alten Legenden, dann wirken die modernen Chinesen geradezu sprachlos. Ursprünglich mußte das Wort das Ohr verzaubert haben: Gelang es einem Freier mit dem richtigen Wort um die Hand einer Schönen anzuhalten, dann gehörte sie sogleich ihm. Das barsche Schimpfwort »Stallbursche« aus dem Mund eines Höhergestellten genügte, um aus einem Adligen einen Dienstboten zu machen. Und schließlich war ein Mord nur dann ein Mord, wenn er beim Namen genannt wurde.

Der erste Staatsakt des legendären Gelben Kaisers, Huang Di, soll darin bestanden haben, daß er jeder Familie in seiner Umgebung einen Namen gab, der sich an deren Tugend orientierte. Der Herrscher soll die Namen nicht gesprochen, sondern mit einer Bambusflöte musikalisch verteilt haben. Familiennamen sind ihrem Ursprung nach nicht einfache Wortbegriffe, sondern musikalische Ensembles mit einer besonderen Devise.

Dem gesprochenen Wort wird eine magische Kraft beigemessen, es soll das Schicksal herausfordern können. Vom Sterben sprachen alle sehr behutsam und nur in Andeutungen, denn durch die direkte Erwähnung wurde der Tod sofort protokollarisch eingestuft. Zwangsläufig pflanzte sich diese Kraft in der Sprachentwicklung fort. So wurde allein aus Angst und Ehrfurcht die Wort- und Zeichenpalette über Gebühr vergrößert. Dazu kamen noch Zehntausende von Worten und Zeichen, geschaffen, um dem Sinn für das Praktische und der Leidenschaft für die Etikette gerecht zu werden. Heute ist der Wortschatz ein gigantischer Speicher einmaliger, mit Wirkkraft ausgestatteter Werturteile.

Die schön anzusehenden Zeichen mit ihren Strichen und Strichelchen stehen für Begriffe, nicht für Laute wie die Buchstaben des Alphabets. Dadurch können weder die feinsten Ohren noch die vitalsten Stimmbänder der chinesischen Schrift Grenzen setzen, denn sie – und somit ihr Zeichenreservoir – ist akkumulativ.

Ihre Entwicklung erinnert an das Aneinanderreihen von Büchern zu einer Bibliothek. Umfaßte das erste Zeichenlexikon aus dem Jahr 121 noch knapp 10000 Zeichen, so zählte das von Zheng Qiao (1104–1162) verfaßte Wörterbuch *tongzhi* fast 25000 Schriftzeichen. Noch heute können wenige Gelehrte mit klassischer Bildung 50000 Zeichen entziffern und so tausendjährige Dokumente und Chroniken wieder zum Leben erwecken.

Diese Elite ist wie ein Grüppchen von taoistischen Alchimisten. Statt aus Quecksilber Gold zu gewinnen, versucht es, das imperiale Chinesisch, *wenyan*, den Gesetzen der Neuzeit anzupassen: Es vereinfacht die Strichführung allzu verästelter Zeichen oder kreiert neue, einfachere Zeichen. Diese Experimente sind nicht ungefährlich, denn die vereinfachte Schrift hat immer weniger mit der in den historischen Dokumenten, Romanen, Gedichten und Chroniken gemein, so droht der jungen Generation die Geschichtslosigkeit und Entfremdung.

Über 2500 Jahre hinweg war die klassische, von oben nach unten kalligraphierte Pinselschrift *wenyan* ein Medium von kürzelartigen Formeln der schreibkundigen Oberschicht, zu dem das Volk keinen Zugang hatte. Nach den antifeudalen und antiimperialistischen Kämpfen von 1919 wurde diesem Beamten- und Oberschichtchinesisch ein geschriebenes Umgangschinesisch gegenübergestellt.

Nach welchen Gesetzen lebt nun die chinesische Schrift, die wie ein Bilderrätsel auf uns wirkt? Festlegbar und fixiert sind nur wenige primitive Regeln für die Abfolge der Striche sowie 540 »Klassenzeichen« oder »Radikale«. Diese bezeichnen die Bedeutung und sind der eine Bestandteil vieler Zeichen. Der andere heißt »Lautkomponente« und zeigt die Aussprache an. In der Sammlung *shuowen* wurde vor rund 1900 Jahren erstmals ein Schriftzeichen in diese beiden Grundelemente aufgespalten. Machen wir den komplizierten Sachverhalt anschaulich: Der Baum heißt *mu*, der Ölbaum heißt *tong. Tong* hat außerdem die Bedeutung von »ähnlich«. Um keine Verwirrung zu stiften, muß man, um »Ölbaum« zu schreiben, das Bildsymbol »Baum« mit dem Lautzeichen *tong* (ähnlich) kombinieren. Verzwickt, weil *tong* gesprochen zweierlei bedeuten kann!

Eindeutigkeit schafft erst die Schrift, denn die beiden Zeichen für »ähnlich« und »Ölbaum« sind verschieden. Solch ein Beispiel ließe sich gewiß dreißigtausendmal wiederholen, sind doch die meisten Zeichen so entstanden. Das Mark der Schrift sind allerdings nicht derartige Zweikomponentenzeichen, sondern zusammengesetzte Zeichen, die lediglich aus sinngebenden Elementen (Bildern oder Symbolen) bestehen wie zum Beispiel Kleid + Messer = Beginn (*chu*) Diese reinen Begriffszeichen heißen »Ideogramme«.

Lange bevor Tuschpinsel und Reispapier erfunden waren, konnten die Chinesen schreiben. Die ersten Schriftzeichen stammen aus der Bronzezeit und sind in ihrer Urform 3600 Jahre alt. Bei kultischen Ritualen wurden Fragen in Schildkrötenpanzer geritzt. Durch Erhitzen entstanden Risse, die der Tempelpriester als heilige, als Kultzeichen deutete. Hier liegt der Ursprung der so befremdenden Zeichenschrift.

Liebend gerne wären die chinesischen Schulkinder ABC-Schützen, denn anders als diese, müssen sie im Verlauf ihrer Schulausbildung mindestens 3000 Zeichen erlernen. Erst nach solch einem Pensum können sie die Tageszeitung lesen. Wohlgemerkt, das ist Pauken der eigenen Sprache und Schrift. Dazu kommt heute ein hartnäckiger Englischunterricht. Ihre komplizierte Muttersprache macht schon die jungen Chinesen zu erstklassigen Repetierern. Vom Kindergarten-Alter an wird ihr Denken durch stetiges und mechanisches Auswendiglernen geprägt. Kreativität und Selbständigkeit bleiben unterentwickelt, der Reifungsprozeß verläuft langsamer als bei europäischen Jugendlichen.

Aus Schulkindern werden Erwachsene – Ingenieure, Dolmetscher, Politiker – die im Zeitalter des Mikrochips von einer anachronistischen Last gebremst werden. Ihre historisch überfrachtete Kultur soll in eine moderne Zivilisation umgewandelt werden! Was passiert da mit der Schrift? Wird der aktiv gebrauchte Schriftschatz von rund 9000 Zeichen durch die Pinyin-Umschrift ersetzt, dann ist China von seiner Vergangenheit abgenabelt. Werden die Zeichen weiter reformiert, passiert das gleiche. Früher wie heute ist die Schrift wie ein Gürtel, der die Nation zusammenhält. Ohne diesen tausendjährigen, nie abreißenden Halt wäre das Reich der Mitte längst in viele Königreiche oder Teilstaaten zerfallen, denn die Sprache macht aus Nord- und Südchinesen Fremde.

Inzwischen ist es gelungen, den Microchip in den Dienst der alten Pinselschrift zu stellen. In Taiwan und anderswo gelang es, eine ausgeklügelte, international einsetzbare Software der antiken Zeichen zu entwickeln. Die Computerfachleute bewahren das Alte und schmunzeln über den Essayisten Lu Xun, der in den dreißiger Jahren sagte: »China muß untergehen, wenn die Schriftzeichen nicht ausgelöscht werden.«

Der ganz normale Alltag

Das Dunkel der Nacht liegt noch über den mürben Lehmmauern der Dörfer und den glatten Betonfassaden der Städte, wenn in den Wohnungen das erste Licht angeknipst wird. Bald darauf starten die frühesten Bauern ihre 7,5-Tonner, um frisches Gemüse in die Stadt zu fahren. Im Kern der Millionenstädte, dort, wo Altstadthäuser wie Waben aneinanderkleben, werden die Bettdecken zurückgeschlagen und die Möbel gerückt. China ist ein Land der Frühaufsteher und ein Reich der Ordnung im kleinen. Nicht die Tugend, sondern die widrigen Umstände zwingen zum morgendlichen Bettenrücken. Die städtischen Wohnungen sind oft winzig. Drei Generationen müssen sich eine Zweizimmerwohnung teilen. Im zwanzig Quadratmeter großen Wohnraum versperrt das Doppelbett der Eltern den Weg zum Fenster, im kleineren Nebenzimmer führt der Weg zum Schrank knapp am Bett der Großmutter vorbei, und nachts blockiert das Klappbett des Einzelkindes die Tür des Nebenzimmers zum Flur. Wollte jemand in diese Wohnung einbrechen, müßte er erst die Fahrräder in der winzigen Diele beiseite räumen. Aus Angst vor Diebstahl werden die beiden Räder der Familie hinter der durch ein Eisengitter gesicherten Wohnungstür aufbewahrt.

Liebend gern würden derart zusammengepferchte Familien eine höhere Miete in Kauf nehmen für ein Heim, wo das Badezimmer nicht aus einer Kombination von Toilette und Dusche bestünde und die Oma oder der Opa eine eigene Kammer hätte. Die Mieten sind sehr niedrig, denn noch immer wohnen die meisten Städter in staatlich zugewiesenen Wohnungen. Der Mietpreis für den bescheidenen Wohnraum beträgt oftmals nicht mehr als zehn Prozent des Monatslohnes. Arbeiter und Angestellte leben in Wohnblocks ihrer Arbeitsstelle, oftmals Tür an Tür mit den Kollegen. Nur eine kleine Elite kann sich eine Eigentumswohnung leisten. Die neuen Satellitenstädte bieten größere, komfortablere Wohnungen, liegen aber oft ein, zwei Stunden Fahrzeit vom Arbeitsplatz entfernt und kosten erheblich mehr Miete.

Auf dem Lande geht es hingegen geräumiger zu. Die Bauern haben sich ihr Stückchen Land schon vor Jahrzehnten selbst abgesteckt und hinter mannshohen Mauern ein- und zweistöckige Häuser mit drei, vier, fünf großen Räumen erbaut. Hier wohnen meist vier Generationen unter einem Dach. Da die Säuglinge und Kleinkinder, die bis zum vierten Lebensjahr gestillt werden, im elterlichen Doppelbett schlafen, nehmen auch nicht so viele Betten Platz weg. Küche und Toilette sind vor dem Wohnhaus, und im Sommer schlafen die Männer im Freien. Hier brauchen um fünf Uhr morgens keine Möbel gerückt und keine Platzanweisungen ausgesprochen zu werden.

Der enge Wohnraum in den Städten hat auch sein Gutes, er macht die Familie zu einem eingespielten Team. Der Vater und der Sohn stehen als erste auf und waschen sich angekleidet am Spülstein. Die Mutter und die Oma legen derweil die baumwollenen Bettücher in die Truhe, gemeinsam werfen sie die Tagesdecke über das elterliche Doppelbett und holen hinter dem Schrank den Klapptisch und hinter der Nähmaschine die Klapphocker hervor. Der Tisch ist schnell gedeckt, für jeden eine Schale und ein Blechlöffel. Die vorgekochte Reissuppe hat Vater noch vor dem Zähneputzen auf den Gasherd gestellt, das Öl zum Fritieren der *youtiao*, der Teigstangen, wird langsam heiß, und der Deckeltpof mit dem Dampfbrot, *mantou*, ist bereits voller Leben.

Kaltes Essen ist kein Essen. Nord- wie Südchinesen beginnen selbst in aller Frühe den Tag mit einem warmen Frühstück. Kalt darf höchstens das gesalzene und eingelegte Gemüse sein, keinesfalls der Reis, *mifan*, das Fritierte und die Suppe. Mit frisch aufgekochtem Wasser werden die Thermoskannen und die Tassen gefüllt. Die einen trinken heißes Wasser pur, die anderen grünen Tee, und immer beliebter wird Instant-Kaffee mit Zucker und Milchpulver. Auch weißes, teigiges Toastbrot mit sirupsüßer Marmelade und Butterbelag kommt zusehends in Mode.

Die Frühstücksrunde schweigt, schlürft oder schmatzt, von der Kommode her tönt der Transistor: Nachrichten, Wetterbericht, Musik und Werbung ersetzen die Unterhaltung. Kaum sind zehn Minuten vergangen, springt der erste auf, rülpst herzhaft und schnappt sich Jacke und Tasche. Bis auf die Alten brechen alle auf. An der Wohnungstür haben die Eltern den Vortritt, denn sie müssen ihre Räder das enge, verstellte Treppenhaus hinabwuchten. Wie alle Tage verhakt sich das linke Pedal am rechten Pedal eines Fahrrades, das ein anderer Mieter nachts über das Geländer hängt. Und bei jeder Kehre kratzt das hintere Schutzblech am Putz. Einer schimpft allmorgendlich über die sorgsam aufgeschichteten Bretter und Kisten, die aus den Treppenabsätzen Speicher machen. Doch die meisten erdulden schweigend die erste Schwerarbeit, als sei sie ein unwesentlicher Bestandteil des jungen Tages. Es ist schon traurig anzusehen: Die gemeinschaftlichen Wohnhäuser mit ihren winzigen Balkonen werden übel geschunden: im Flur sind die Scheiben zertrümmert, die Lifttüren beschmiert, Blumen vertrocknet, und der abgeschabte Putz im Treppenhaus gleicht einer Wunde. Die Bewohner zeigen so ihre Gleichgültigkeit gegenüber der beengenden Behausung.

Auf dem Hof lärmen die Schulkinder, Freunde begrüßen sich laut, und die wahren Frühaufsteher, die Alten, kommen von getaner Arbeit zurück. Sie hatten das Haus gegen sechs Uhr verlassen, entweder mit ihrem Vogelbauer oder in Turnschuhen. In irgendeinem Park oder auf einem Grünstreifen am Rande der monumentalen Asphaltstraßen haben die Vogelnarren die Käfige in die Bäume gehängt und verzaubert ihren gefiederten Lieblingen gelauscht. Die Alten in Turnschuhen haben bereits über eine Stunde mit ihrem Schatten gerungen, haben mit federnder Leichtigkeit ihre Hände um die Hüfte geschwungen, als transportierten sie eine große, imaginäre Seifenblase. *Taiji qian* und *qigong* nennen sie diesen in Stadt und Land verbreiteten Volkssport.

Alle sind mittlerweile auf den Beinen, die Säuglinge sind gestillt und ruhen entweder im Arm der Oma oder der *ayi*, der Kinderfrau. Hat die Arbeitsstelle, zu der die Wohnanlage gehört, eine Krippe, wird der Nachwuchs dort abgegeben. Frühestens mit drei Jahren dürfen die Kleinen in den öffentlichen Kindergarten, in dem sie die Eltern auf dem Weg zur Arbeit abliefern. Die Schulkinder einer Wohnanlage gehen meist auf dieselbe Schule, also treffen sie sich auf dem Innenhof des Wohnblocks, um im Pulk zur nächsten Bushaltestelle zu stürmen.

Auf den Straßen geht es zu, als sei die ganze Stadt auf der Flucht, im Bus, im Taxi, per Fahrrad, mit dem Lastenfahrrad, auf dem Moped, dem Motorrad, der LKW-Pritsche, im privaten PKW. Ununterbrochen hupende Autos verbreiten einen Hauch von Panik. Peking verfügt zwar über eine U-Bahn, aber die Bevölkerung fährt vorwiegend Rad. In der Elf-Millionenstadt sind acht Millionen Räder registriert. Mit dieser Drahteselhorde fahren allmorgendlich Zehntausende Taxis um die Wette: im Stau ist natürlich das Fahrrad überlegen. Die Boulevards sind verstopft und bilden an den Kreuzungen gefährliche Strudel. An den Hauptknotenpunkten stehen Rentner mit einem Megaphon, die zusätzlich zu den Polizisten und Ampelanlagen den Verkehr in die Schranken zu weisen versuchen.

An den Bushaltestellen sammeln sich Menschentrauben. Morgens um halb acht hat es jeder eilig. Jeder drängelt und gebraucht seine Ellbogen. Wer sich nicht wehrt, landet im Abseits, und der überquellende Bus zuckelt davon. An den innerstädtischen Haltestationen haben die Alten und Schwachen das Nachsehen. Die Kinder und Jugendlichen rennen ein Stück neben dem heranrollenden Bus her. Da sie auf der Höhe der Türen laufen, sind sie beim Stop mit der Nasenspitze vorn. Es herrschen zwar keine indischen Zustände, doch das Aufeinanderprallen von Menschen an Bushaltestellen zeigt, wie brutal und rücksichtslos Chinesen in der Masse miteinander umspringen. Einsteigende kämpfen sich an Aussteigenden vorbei, nur um mitzukommen. Unvorstellbar: Auf einem Quadratmeter Busraum finden zehn Leute Platz. »Wenn Chinesen«, meint der Auslandschinese Bo Yang, »allein an einem Platz arbeiten, wie im Forschungslabor oder im Prüfungssaal, also unter Bedingungen, wo keine zwischenmenschlichen Kontakte nötig sind, dann können sie sich ganz enorm entfalten. Aber drei Chinesen – drei Drachen – zusammengenommen, werden zu einem Schwein, zu einem Wurm.«

Welch ein himmlisches Gefühl ist es dagegen, aus eigener Kraft ein Rad im Strom der Räder anzutreiben. Viel Platz zum Hinterrad des Vordermannes bleibt zwar nicht, und das gemächliche, aber stetige Tempo der Masse muß eingehalten werden. Doch es ist beglückend, einer von Millionen zu sein und trotzdem absteigen zu können, wann es einem beliebt. Chinesen radeln nicht einfach mal um die Ecke, sie sind lange unterwegs. Nur mit dem gemäßigten Tritt in die Pedale können sie ihr weitgestecktes Tagespensum meistern.

Der Schwarm der Radfahrer wird andauernd durch Neulinge gespeist, die den Strom nähren. Sie fahren zügig heran, beschleunigen kurz und lassen sich dann elegant auf das kollektive Tempo zurückfallen. Das Ausscheren aus dem Schwarm kommt einem Kunststück gleich. Niemand gibt Handzeichen, keiner schaut über die Schulter zurück, man schlängelt sich einfach aus der Masse heraus.

Die Schulkinder dürften inzwischen angekommen sein, die radelnden Eltern haben sich an einer der zentralen Kreuzungen getrennt, falls sie nicht im selben Amt oder in einer Fabrik arbeiten. Die Großeltern sind zu Hause mit den Säuglingen oder dem Aufräumen beschäftigt. Der Alltag unter so vielen Menschen erfordert strikte Koordination der Rollen und viel Disziplin.

Die erste Begegnung mit den Kollegen findet entweder vom Sattel aus oder im Fahrradschuppen statt, ein kurzer Gruß, nicht mehr, das Fahrrad wird säuberlich abgestellt, die Aktentasche lässig über die Schulter geworfen. Grüppchen, oft nach Geschlechtern getrennt, schlendern zum Schreibtisch oder an die Werkbank. Jeder lechzt nach der ersten Verschnaufpause. Jetzt werden keine Brote ausgepackt, sondern die Zeitungen aufgeschlagen. Wer Englisch kann, liest *China Daily*, wer sich über Politik informieren will, liest das Parteiorgan *Renmin Ribao* (Volkszeitung) oder die örtliche Lokalzeitung. Was die KPCh heute zu sagen hat, interessiert mehr als das politische Studium von früher. Ein Artikel muß allerdings sehr provokativ sein, damit jemand laut wird. Meinungen werden nur unter guten Bekannten beim Essen oder abends in der Familie ausgetauscht, denn die politischen Parteikampagnen der Vergangenheit haben bis heute Mißtrauen hinterlassen.

Verglichen mit den Wohnungen sind die Büros und Fabrikhallen verschwenderisch geräumig, nicht selten hat im Flur oder zwischen den Werkbänken eine Tischtennisplatte Platz. Das Klima in Fabrik und Büro ist recht verschieden, dort hektisch und laut, hier behäbig und von lähmender Ruhe. Doch das Geldverdienen läßt das Arbeitsleben pulsieren. Die Schreibtischarbeiter, auch Lehrer, Beamte, Partei-Funktionäre, gleiten wie von selbst, aber erst mit zunehmendem Alter in höhere Gehaltsklassen. Wer bei 1200 Yuan Monatsgehalt angelangt ist, bereitet sich bereits auf die Pensionierung mit sechzig (bei Frauen mit 55) Jahren vor. In einer staatlichen Fabrik verläuft dieser Prozeß nur bedingt automatisch, denn zum Grundlohn addiert sich der Akkordzuschlag – materieller Anreiz heißt die Zauberformel, die die Belegschaft anspornt.

Auch im Dienstleistungssektor herrscht Arbeitsfieber. Ein flinker Taxifahrer mit eigenem PKW kann monatlich 4000 Yuan heimfahren. Und verwendet eine Bauernfamilie ihre ganze Energie auf den Anbau von Ingwer, Äpfeln und Sojasprossen und nicht auf Reis oder Weizen, kann sie es auf 3000 Yuan im Monat bringen. Vorbei sind die Zeiten, da zwischen den Werkbänken der Staatskombinate und auf den Feldern der Volkskommune ausgedehnt Karten gespielt wurde. Wenn der Lohn stimmt, dann schuften die Arbeiter enorm, allerdings nur ihre gesetzlich vorgeschriebenen acht Stunden, keine zehn oder zwölf, wie in Japan, Hongkong oder Singapur. Geld und Gold, Reichtum und materielle Güter üben von alters her eine magische Anziehungskraft aus, das konnte auch die ideologische Erziehung nicht ausmerzen.

Reist ein Chinese nach Europa, dann findet man ihn garantiert 24 Stunden später in irgendeinem Kaufhaus, nicht in der Textil- oder Lebensmittelabteilung, sondern dort, wo Fernseher, Videos, Recorder, Uhren und Computer angeboten werden. Spätestens nach 48 Stunden weiß er genau, um wieviel Prozent sich die Preise unterscheiden und wo es die echten Preisknüller gibt.

Den Tagesablauf in der Großstadthektik zu organisieren erfordert enorme Energie, denn es fehlt an Freizeit und einfachstem Komfort. Bei aller Hektik arbeiten Chinesen langsamer als Europäer, doch sind sie deshalb Faulenzer? Nein, vielmehr dosieren sie ihre Energie, denn sie müssen mit ihren Kräften haushalten. Das extreme Klima, die manuell verrichtete Hausarbeit bis spät in den Abend, der Einkauf im steten Gedränge, die Fahrten zur Arbeit und eine Arbeitswoche mit einem halben freien Samstag und freien Sonntag, der wegen der Einkäufe in brechend vollen Warenhäusern zum stressigsten Tag der Woche wird – all das will ein Leben lang gemeistert sein. Und schließlich reduzieren sich die schönsten Tage des Jahres für einen Arbeiter auf ganze sieben: einen freien Tag am 1. Januar, drei Urlaubstage am wichtigsten Fest, dem Frühlingsfest, *chunjie*, im Januar oder Februar, einen am 1. Mai und zwei Tage am Gründungstag der Volksrepublik, am 1. Oktober. Angestellte staatlicher Ämter, Wissenschaftler und Bürokräfte erhalten Jahresurlaub, der sich nach ihren Dienstjahren bemißt.

Nicht für alle ist der siebte Wochentag arbeitsfrei. Das eine Stahlwerk schickt seine 8000köpfige Belegschaft am Montag nach Hause, die Konservenfabrik gibt ihren 4000 Mitarbeitern donnerstags den freien Tag, nur die Büros und Ämter sind stets am Sonntag geschlossen. Würden alle Städter gleichzeitig freihaben, gäbe es Versorgungsengpässe, und die Kaufhäuser, Restaurants, Kinos und Parks wären dem Massenansturm nicht gewachsen. Daher kann es vorkommen, daß ein Ehepaar keinen gemeinsamen freien Tag hat. Solche Härtefälle werden in der Regel individuell gelöst.

Am meisten arbeiten die Bauern, sie stehen mit der Sonne auf und gehen mit ihr schlafen, sie kennen keinen freien Sonntag, bei zwei Ernten im Jahr ist Urlaub ein Fremdwort. Sie arbeiten viel härter und länger als jeder Stadtmensch. Wenn sie auf dem Feld eine Pause machen, *xiuxi*, wörtlich »Mensch lehnt an Baum«, dann gönnen sie sich Deftiges: scharfen Schnaps und gekochte Schweinefüße. Sie sind ihre eigenen Herren und pausieren öfter.

In den Büros und Fabriken beginnt der Tag gegen acht Uhr mit einem Ritual von Reinigung und Versorgung. Zuerst werden in den Büros die Thermoskannen geleert. Wer nicht Zeitung liest, kümmert sich um frisches heißes Wasser aus dem zentralen Heizungsraum. Dort herrscht kurz nach acht Uhr großes Gedränge; die einen deponieren ihre Blechdosen mit dem Mittagessen in einem von heißem Dampf durchfluteten Kasten, die anderen füllen kochendheißes Leitungswasser in die Fünf-Liter-Kannen. Sind schließlich die Deckeltassen mit *kaishui* gefüllt, kann die Arbeit beginnen.

Und wo bleibt der Tee? Wird immer nur heißes Wasser getrunken? Nicht immer, aber meistens. Tee, grüner oder schwarzer, ist Luxus. Wer außerhalb der traditionellen Anbaugebiete Yunnan, Guangxi und Fujian lebt, genießt die Tasse Tee abends wie wir ein Glas Wein.

Die erste Arbeitsniederlegung im Büro ist gegen zehn. In den Fabriken herrscht Akkord, deshalb wird hier weniger pausiert, in den Betrieben geht es strebsamer zu. Vom Akkord profitieren vor allem die Privatbetriebe in der Stadt und auf dem Lande.

Die Planwirtschaft sowjetischer Prägung gibt es noch in den hochverschuldeten Staatskombinaten. Doch wie Buschkämpfer werden diese starren Riesen von privatwirtschaflichen Betrieben und Dienstleistungsunternehmen umzingelt. Der Wandel geht schleichend vor sich, die Marktwirtschaft verdrängt den Sozialismus stillschweigend, nahezu elegant. Um so deutlicher treten die neu erwachsenden Probleme hervor: Die Rationalisierung vernichtet die vielen doppelt besetzten Arbeitsplätze, das freie Spiel von Angebot und Nachfrage treibt die Preise hoch, das wachsende Gefälle zwischen Stadt und Land vergrößert den Exodus der Bauern.

Und was passiert schließlich mit der Supermacht von einst, der Kommunistischen Partei? Werden ihre traurig besoldeten Funktionäre als altersschwache Papiertiger zuschauen, wie junge Aufsteiger, vom selbständigen Taxifahrer bis zum akademisch geschulten Unternehmer, an die Macht gelangen? Die Orthodoxen in der Parteispitze drohen mit Bürokratismus und Dirigismus und schrecken auch vor Unterdrückung nicht zurück. Doch wenn es ans Geldverdienen geht, sind alle ein Herz und eine Seele.

An unserer Arbeitsstelle wird bis zur Mittagspause tüchtig gearbeitet. Um 13 Uhr teilen sich die Kolleginnen und Kollegen in drei Gruppen. Wer auf dem Betriebsgelände oder in der Nähe wohnt, fährt zum Essen nach Hause, die andere Gruppe verzehrt die dampfgewärmte Kost in der Blechdose am Arbeitsplatz, die dritte Gruppe stärkt sich in der Kantine. Das Mittagessen ist mehr ein Imbiß, jeder löffelt hastig seinen Blechnapf leer. Keine Kantine ist berühmt für ihr Essen, wenn es mal die Maultaschen, *jiaozi*, oder »Süß-Sauer« gibt, dann steht gewiß ein Festtag bevor.

In der Mittagspause wird auch das Abendessen eingekauft. Da die Nahrung frisch sein muß, radelt der Familienvater schnell zum nächsten Markt. Er kauft ein, und meistens kocht er auch. Eigentlich hätte die Großmutter viel mehr Zeit, aber sie ist mit Schwatzen, Babysitten und Hausarbeit beschäftigt.

Die einstündige Mittagspause läßt genug Zeit für ein Büronickerchen. Unvorstellbar, in welchen Stellungen geschlafen wird: im Sitzen, den Kopf zwischen den auf die Drehbank gestützten Händen; im Liegen, auf der am Boden ausgebreiteten Zeitung; auf dem Schreibtisch mit angewinkelten Beinen und einem Buch unter dem Kopf. Hart zu schlafen ist eine uralte Fähigkeit: Das Nackenkissen aus Porzellan ist eine chinesische Erfindung.

Um 14 Uhr werden die Thermoskannen erneut gefüllt, die bessere Hälfte des Arbeitstages hat begonnen. Die Arbeitsplätze können noch so schmucklos sein, die Trinkgefäße sind oft wahre Kunstwerke. Gemeint sind nicht die mit Blumen bemalten Deckeltassen, sondern die Marmeladengläser, die zum Schutz der Finger gegen die Hitze von einem bunten, kompliziert gemusterten Plastikgewebe ummantelt sind. Das sind Handarbeiten der Frauen oder Mädchen, ein praktisches und schönes Geschenk für den Vater, den Geliebten, den Ehemann, die Mutter oder den Bruder.

Wer bis jetzt die Arbeitenden beobachtet hat, spürt einen engagierten Zusammenhalt und eine ungezwungene Kooperation, Sticheleien bleiben menschlich, und Streitigkeiten werden offen ausgetragen. Die Arbeit ist mehr als ein Job, sie ist eine Tätigkeit in einer Einheit. *Danwei* ist noch immer mehr als ein bloßes Organisationsschema oder eine kommunistische Zelle. Die Einheit ist eine typisch chinesische Kollektivform, der man sich nur schwer entziehen kann. Was die Familie für die Privatsphäre, ist die Einheit für den öffentlichen Bereich, wobei die Grenzen fließend sind. *Danwei* ist keine Erfindung der Kommunisten, obwohl sie sich blendend für Überwachung und Organisation eignet. In der Song-Dynastie (960–1127) entstand *baojia*, ein ausgeklügeltes Milizsystem, in dem sich je zehn bewaffnete Haushalte gegenseitig überwachen und stets zum Kampf bereit sein mußten. Es war eine noch viel ältere Tradition, daß bei einem Verbrechen nicht nur der Täter, sondern auch seine Familie und Sippe bestraft wurden. Mit der Einführung von *bao jia* wurden die zugeordneten Haushalte zur Rechenschaft gezogen. Floh ein verschuldeter Bauer, dann mußte ein ganzes Dorf für ihn geradestehen. Unter der mandschurischen Qing-Herrschaft (1644–1911) wurde das System menschlicher, zur Kontrolle kam die Fürsorge hinzu, es verlor seinen legislativ-exekutiven Anspruch und entwickelte sich zur öffentlichen Kontrollnorm für Sitte und Anstand. Als die Kommunisten 1949 an die Macht kamen, erlebte *bao jia* unter fremdem Namen eine Renaissance.

Danwei ist Mädchen für alles, sie teilt ihren Mitgliedern – das sind Parteimitglieder und Parteilose – die Wohnungen zu, sie entscheidet, wer zu einem Studienaufenthalt ins Ausland darf, sie erledigt die Beschaffung von Urkunden und amtlichen Dokumenten, teilt die Kindergarten- und Krippenplätze zu, sie kümmert sich um alle sozialen Angelegenheiten, vom Krankenschein bis zur Rente; sie sorgt für die Familienplanung und fungiert konsequenterweise auch als Heiratsvermittlerin. Da in der Einheit alle Fäden zusammenlaufen, können hier Kontakte zwischen einsamen Herzen geknüpft werden. Die Einheiten einer Industriebranche, zum Beispiel der Schwerindustrie, stehen nicht nur am Ort, sondern landesweit in Verbindung. So können auch Heiratswünsche ausgetauscht werden. Früher war der Heiratsmarkt eine einzige durchtriebene Kuppelei, heute ist er weniger geschäftsmäßig, aber immer noch organisiert.

Ein befreundeter oder für diese Aufgabe besonders

qualifizierter Mitarbeiter (Faustregel auch hier: Männer betreuen Männer, Frauen betreuen Frauen) nimmt Kontakt zum einsamen Herzen in der *danwei* X auf. Er arrangiert eine Begegnung zwischen den Singles. Wie zufällig muß das Treffen erscheinen, das er in einem Restaurant, bei Bekannten oder in einer Disco für die Kollegen aus *danwei* X und *danwei* Y arrangiert. Der Agent ist mit von der Partie und sorgt dafür, daß die Unterhaltung nicht ins Stocken gerät. Hat es gefunkt, dann zieht er sich zurück, erhält von der Einheit seine Kosten erstattet und darf sich freie Stunden für die gemeinnützige Arbeit gutschreiben. Werden einige Monate später in zwei Einheiten am selben Tag Bonbons verteilt, dann wurde geheiratet.

Weniger romantisch geht es zu, wenn ein *danwei*-Mitglied gegen die Ein-Kind-Politik verstößt, denn die Einheit zieht ihn zur Rechenschaft, von ihr kann auch der Befehl zur Abtreibung kommen. Die Einheit ist soziales und Spionagenetz zugleich. Wenn sie auch nur begrenzt juristische und polizeiliche Funktionen übernimmt, arbeitet sie doch eng mit den Staatsorganen zusammen. Wird sie von unfähigen Kadern geleitet, kennen Intrige, Protest und Verweigerung keine Grenzen, dann herrscht hemmungsloser Egoismus. Vom sogenannten Kollektivegoismus sind alle Einheiten geprägt. *Danwei*, historisch gewachsen, ist also eine Lebensform. Sie ersetzt die aussterbende Sippe und verhindert die mit der Industrialisierung einhergehende Vereinsamung. Mit der Familie ist sie auf das engste verbunden, in ihr spiegelt sich das gesellschaftliche Leben eines Volkes wider, das sich selbst obrigkeitshörig nennt.

Die Tage der Einheit sind gezählt, denn mit Absterben

des Sozialismus ist ein kollektives Versorgungs- und Überwachungssystem nicht mehr gefragt, und die junge Generation begegnet diesem Kollektivorgan mit großem Mißtrauen. In Zukunft wird sich der einzelne um seine Belange selbst kümmern müssen; die starke Privatwirtschaft wird gewiß die schwächliche Planwirtschaft ersetzen. Und anstelle von *danwei* wird es bald Arbeitsamt, Krankenkasse, private Rentenversicherung, Partneragenturen und dergleichen geben. Die Neuerung kann günstig verlaufen, wenn der Staat seine soziale Seite zeigt.

Chinesen brauchen sowohl Fürsorge als auch Kontrolle. Ist beides in Balance, dann sind die Gesichter am Arbeitsplatz zufrieden, und der Arbeitstag endet nicht mit dem Mittagsschläfchen.

Die Tätigkeit am Nachmittag kann nochmals mit einer kurzen Pause unterbrochen werden. Zeigen die Uhren die Sommerzeit an, dann ist um 18 Uhr Arbeitsschluß, ansonsten eine halbe Stunde früher.

Nicht allein die aufwendige Organisation des Alltags, auch das Klima zehrt an den Kräften. In den feuchtheißen Sommermonaten, in denen kein Wäschestück mehr trocknet, muß oft ohne Klimaanlage gearbeitet werden. Niemand stöhnt, alle richten sich so komfortabel wie möglich ein; im Sommer tragen Männer und Frauen weiße, luftige Hemdblusen und Sandalen, auch in Männerhand sind Fächer zu sehen.

Die Bauern scheinen mit der Natur verwachsen zu sein, sie gehen sonn- wie werktags, bei jedem Wetter ihrer Arbeit nach. Entsprechend verwittert sehen sie aus. Im Familienverbund bewirtschaften sie die Pachtfelder. Der Wasserbüffel vor dem Handpflug gehört der Familie, die Dreschmaschine ist meist im Besitz der

Genossenschaft. Privatwirtschaftende Haushalte widmen sich dem Anbau von besonders gefragten und teuer bezahlten Produkten wie Ingwer, Erdnüssen, Litschis oder der Fischzucht. Im Dorf kann eine Familie auch auf den Transport spezialisiert sein, der Bauer betreibt ein Fuhrunternehmen, während seine Frau und die Kinder die Privatparzelle bestellen.

Einst, als noch nicht Deng Xiaopings berühmter Aphorismus »Egal ob die Katze weiß oder schwarz ist, Hauptsache, sie fängt Mäuse« Maxime in Stadt und Land war, waren alle Bauern gleich, nämlich gleich arm. In den Jahren der Wirtschaftsreform öffnete sich die Einkommensschere gewaltig. Die auf Obstanbau, Geflügel- oder Fischzucht spezialisierten Bauern in der Weichzone der Millionenstädte sind für chinesische Verhältnisse bereits Großverdiener. Sie bringen es auf 10000 Yuan im Monat. Stellvertretend für diese neuen Farmer sagt einer: »Ich will kein Millionär werden, aber ich meine, daß man in seinem Leben etwas schaffen sollte, um Befriedigung zu finden. Ansonsten ist alles sinnlos, selbst wenn man täglich gut essen kann.«

Dieser Neureiche besitzt heute neben seinem eigenen neu gebauten Haus auch Mietshäuser, betreibt ein Restaurant und investiert in eine kleine lokale Fabrik. Er fährt einen japanischen Jeep, ein Motorrad, macht Reisen, und seine Kinder haben alle Videorecorder und ausländische Kameras. Unter den weniger reichen Bauern wächst der Wunsch, ihren harten, von der Natur diktierten Arbeitsablauf gegen eine leichtere Tätigkeit in der Stadt einzutauschen.

Viel früher, als die Bauern ihre Wasserbüffel, Eselkarren oder Traktoren nach Hause lenken, treten die städtischen Arbeiter und Angestellten den Heimweg an. Kurz und impulsiv überschwemmt das Heer der Werktätigen die Boulevards und Straßen. Sie scheinen geschäftiger als am Morgen, auf jeden Fall hängen an vielen Fahrradlenkern volle Netze, und in den Bussen riecht es nach Fleisch, Fisch und Gemüse. Der Strom der Fahrräder zerfällt mit jedem Kilometer in kleine Pulks, die ihren Wohnungen zustreben.

An der Einfahrt zum ummauerten Wohnkomplex einer *danwei* heißt es absteigen, nicht bloß wegen der Vorschrift, beim Pförtner könnte immerhin ein Brief liegen. Gleich neben dem Tor wohnt in der Pförtnerloge ein Pensionär, entweder allein oder mit seiner Frau. Gegen ein geringes Entgelt paßt er auf, wer aus und ein geht, und empfängt die Post. In den alten Backsteinblocks betreut er das gemeinschaftliche Telefon. Er weiß über jede Familie der Einheit bestens Bescheid, er kennt die Liebespaare ebenso wie die Gebrechen der Alten. Ist er gesellig und liebenswürdig, gleicht seine Loge einem vollen Wartesaal. Er kann aber auch als Blockwart gefürchtet sein. Der gemeinnützige Telefonanschluß macht ihn zu einem mächtigen Mann (selten hat eine alte Frau die Stelle inne). Von seinem Willen hängt es ab, ob er jemanden, der im hintersten Block hoch oben wohnt, ans Telefon holt. In der Regel macht er das, indem er erst einmal *»deng yi deng«* (mal warten!) in den Hörer ruft, und dann gemächlich auf den Hof schlendert, um unüberhörbar den Namen des Gewünschten zwischen den Backsteinwänden auszurufen. Muß er den Weg öfter machen, schnauzt er gern; ein hübsches Mädchen ruft er zahm. Auf jeden Fall bekommen die Anwohner so vieles mit. Als Pförtner weiß er genau, wer Post aus dem Ausland erhält, wer gar einen Ausländer nach Hause einlädt und wer einen lockeren Lebenswandel führt.

Die Heimkehrer stellen nur die wirklich alten, ramponierten Fahrräder im Hof ab, die besseren Modelle tragen sie wie jeden Tag das Treppenhaus hinauf in die Wohnung. Jetzt ist die letzte Schwerarbeit des Tages getan. Das abendliche Kochen ist ein Hobby, vor allem der Männer. Sie geben Anweisungen, die Kinder müssen das Gemüse putzen, die Frau schnippelt alles klein, und wenn in der Kesselpfanne, dem *wok*, das Öl zu rauchen anfängt, beginnt die Männerarbeit. Im Wohnzimmer heißt es wieder Aufschlagen der Klappmöbel, Austeilen von Eßschalen und Stäbchen, denn abends wird immer mit Stäbchen gegessen.

Es duftet nach geröstetem Sesam und Soja, nach Ingwer und Zwiebeln. Die Küche ist von beißendem Qualm vernebelt, der Vater hantiert mit der schweren Pfanne, als halte er ein Rüttelsieb. Im Gemüsesud wird mit viel Sojasoße das Fleisch oder der Fisch geschwenkt, alles geschieht blitzschnell und präzise aufeinander abgestimmt. Das Abendessen ist die Krönung des Tages, nach knapp einstündiger Vorbereitung steht ein heißes Mahl mit vier Gängen auf dem Tisch.

Die Stimmung entspricht dem Essen, jeder hat etwas zu erzählen. Auch politische Neuigkeiten werden ausgetauscht, die *Renmin Ribao* wird zitiert, ausländische Stimmen kommen zu Wort, jemand widerspricht, diesen Vorfall habe er im Kleinen Kanal, *xiaodao*, ganz anders gehört. Nun steht das Offizielle gegen Inoffizielles, oft stimmt das Gehörte eher als die festgeschriebene Propaganda. Nach außen wirkt China sehr uniform, tatsächlich ist es buntscheckig. Wichtige Weltereignisse werden in allen Zeitungen, im Fernsehen und Radio berichtet und kommentiert. Doch die Medien, auch das Internet, werden kontrolliert und jonglieren mit der Wahrheit. Wer China von innen kennt, weiß daß vielfältige Meinungen, Stimmungen im Volk und Kritik außerhalb des offiziellen, für Ausländer sichtbaren Informationsflusses anzutreffen sind.

Noch findet sich die klassische Familie beim Abendessen zusammen, aber wie lange noch? Das Fernsehen erobert das ganze Land. Wie auf der Insel Taiwan und in Hongkong flimmert der Fernseher in jedem Laden, jedem Wohnzimmer und jedem Restaurant auf mehreren Kanälen. Das Radio kann gerade noch als morgendlicher Muntermacher überleben.

Um 19 Uhr kommt die nationale Fernsehstation CCTV mit der Tagesschau in die Wohnstuben (um 22 Uhr die internationalen Nachrichten). Die Reportagen sind wortlastig, dogmatisch, nur der Form nach amerikanisch »on the spot«. Am schlimmsten, weil ermüdend lang, ist die Werbung! Doch niemand wettert dagegen, sie bringt ja Devisen und auch ausländische Programme.

Die Medien werden von der Partei strikt kontrolliert, politische Aussagen werden zensiert. Filme aus Hongkong und dem Westen, in denen ein Paar in inniger Umarmung und küssend dargestellt wird, gelten schnell als dekadent, bourgeois und feudal. Längst können die Parteisaubermänner die Schwemme trivialer Videos und lasziver Comics nicht mehr eindämmen, die allerorts unter dem Ladentisch für Pfennigbeträge gehandelt werden.

Aber selbst demokratisch gesinnte Literaten beklagen sich über Fernsehstationen, die an Wochenenden Programme ausstrahlen, in denen die meisten Filme aus Hongkonger Kungfu-Fabriken stammen, oder über Verlage, die um des Profits willen ihre Fachzeitschriften mit Ehetragödien und blutigen Thrillern garnieren. Nichts könnte besser den Wandel im Denken ausdrücken als die Neufassung eines bekannten Kinderliedes. Hieß es früher »Ein Junge findet fünf Pfennig auf der Straße, er bringt das Geld zum Polizisten und verabschiedet sich mit einem herzlichen ›Auf Wiedersehen‹«, so heißt es heute »Ein Junge findet fünf Pfennig, damit kauft er sich ein leckeres Eis und verlangt vom Verkäufer: ›Los, gib mir die zwei Pfennig Wechselgeld zurück‹.«

Das städtische China ist eine Fernsehnation geworden. Nur noch die älteren Leute nutzen die Abende zum Geschichtenerzählen, Sockenstopfen und Stricken. Für derartige Hausarbeiten ist der Mann nicht zu haben, er kümmert sich bekanntlich um den Einkauf und das Essen. Ist er ein einfacher Arbeiter, dann ist – außer Fernsehen – das Kartenspiel sein Lieblingszeitvertreib. Er hat seine feste Runde, die sich allabendlich beim Tee und vielen Zigaretten in einer Wohnung oder auf dem Hof trifft.

Ein Facharbeiter, Angestellter oder Wissenschaftler geht abends einem lukrativen Nebengewerbe nach. Mit Übersetzungen, Abschriften und Nachhilfe bessert er sein Gehalt auf. Jedem ist freigestellt, neben seinem Beruf fachlich und für Geld zu arbeiten. Oft verdienen Akademiker mit dieser abendfüllenden Tätigkeit mehr als ihr Gehalt ausmacht.

Für die Kinder, die unter Aufsicht der berufstätigen Mutter abends noch Hausaufgaben machen, ist ab 22 Uhr Bettruhe im Nebenzimmer bei der Oma. Im Licht einer Neonröhre wird im Wohnzimmer der Arbeitstag noch verlängert. Kurz vor Mitternacht ist Zeit zum Aufräumen, der Fernseher verschwindet unter einem Samtdeckchen, die Bücher werden auf dem Fenstersims gestapelt, und das Bettzeug wird aus dem Schrank oder einer Truhe geholt.

Samstags haben viele den ganzen oder zumindest den halben Tag frei. Sonntags ist Kino- oder Kindertag. Das Einzelkind wird gemäß dem alten Spruch »Das Juwel des Himmels ist die Sonne, das Juwel des Hauses ist das Kind« verhätschelt. Die Familie geht Shopping oder in den Park. Für die Kaufhäuser, Restaurants, Friseure, Schneider, Schuhmacher, überhaupt für den gesamten Dienstleistungssektor ist Sonntag der Hauptkampftag. Kurz vor neun Uhr stauen sich bereits Hunderte vor den Eingängen der Warenhäuser, zu den Städtern gesellen sich die Bauern.

Wer es sich leisten kann, meidet sonntags die Geschäfte. Wer Spaß am Rempeln, Boxen, Schieben hat, der stürzt sich ins wogende Meer der Hunderttausende – sonntags wie werktags von 9 bis 19 Uhr. In den großen Kaufhäusern auch bis 22 Uhr und auf den Nachtmärkten noch länger.

Doppelglück und Totenkult

Der organisierte Alltag ist die Regel, die Hochzeit, die Geburt eines Kindes und das Begräbnis sind die Ausnahme. Nichts im Leben ist belangvoller als diese Ereignisse. Geheiratet wird gern am wichtigsten Fest, am Frühlingsfest, *chunjie*, das den Beginn des neuen Mondjahres markiert. Auch wenn die Braut der Großstadt ganz in Weiß erscheint, läßt sich das Paar in der Terminplanung von der Tradition leiten. Zum Frühlingsfest können drei Tage des Jahresurlaubs genommen werden, auch das Gehalt gibt es vorfristig, und das Angebot an Produkten und Lebensmitteln ist besser als übers Jahr. Alles pragmatische Gründe, doch sehr wichtig für einen reibungslosen Ablauf der bedeutendsten Feier im Leben.

Eine Hochzeit erfordert viel Organisation. Monate vergehen über den Vorbereitungen. Ein Großteil der Aussteuer wird noch in der Familie gefertigt oder von Verwandten zweiten Grades hergestellt. Eine Hochzeit ist *das* Ereignis für Großeltern, Eltern, die Onkel und Tanten ersten, zweiten und dritten Grades. Ohne zu übertreiben darf man von einem gesellschaftlichen Ereignis sprechen.

Wie in keiner anderen Hochkultur nehmen in der chinesischen Zivilisation Ehe und Familie seit jeher einen Rang ein. Wurde im alten China die Harmonie im Staat direkt von der familiären Ordnung und der Familienethik abgeleitet, verschieben sich heute langsam die Gewichte. Früher war die Hochzeit ein Fest der Männer oder, besser, der alles bestimmenden Väter, jetzt wird sie immer mehr zu einem Ereignis der Frauen. In Stadt und Land herrscht Männerüberschuß, der durch die Ein-Kind-Politik gefährlich verstärkt wird, denn alle wollen einen Stammhalter haben. Die Presse ermahnt bereits die Frauen, nicht zu anspruchsvoll und zu materialistisch eingestellt zu sein. Es ist die Rede von »Güter-Pyramiden«, die ein Mann aufhäufen muß, um das Jawort zu erhalten. Die Wünsche mancher Frauen grenzen fast an Erpressung: eine Küchenausstattung, einen Motorroller, einen Farbfernseher und natürlich eine Sitzgarnitur. Muß die Braut nach den weißen Tagen mit ihrer Schwiegermutter auskommen, dann steigert sie ihre Forderungen noch um höheres Gehalt und vielleicht eine Videokamera oder eine Stereoanlage *made in Japan*.

Alle sollen wissen, daß geheiratet wird, deshalb wird auf die Haustür zu den elterlichen Wohnungen das Schriftzeichen »Doppelglück« auf gelbes oder rotes Papier geklebt. Sobald das Paar – er im dunkelblauen Anzug, sie im weißen (geliehenen) Tüllkleid – im Taxi vorfährt, lassen die Kinder aus der Nachbarschaft Knallfrösche und Chinakracher los. Nach dem kurzen Aufenthalt beim Einwohneramt, wo die Heiratsurkunde ausgestellt wurde, wird in einem Restaurant gefeiert.

An diesem Festtag wird geradezu kaiserlich getafelt, nicht zwei Stunden, sondern einen Abend lang mit vielen Zigarettenpausen. Anschließend wird getanzt und gewitzelt, die Gäste wollen die Liebesgeschichte der beiden hören, und immer lauter wird der Wunsch nach einem beliebten Spiel für Liebespaare, nämlich gemeinsam, ohne Gebrauch der Hände, einen Apfel anzuknabbern. Je ausgelassener die Gäste, desto kecker die Forderungen an die Jungvermählten: Nun sollen sie sogar gemeinsam eine Kirsche essen. Das ist beinahe obszön, denn Küssen ist in der Öffentlichkeit verpönt.

Auf dem Dorf würde neun Monate später ein Kind geboren werden, nicht so in der Stadt. Das Paar möchte länger die Zweisamkeit genießen. Zweifellos ist auch sein größter Wunsch ein Kind, doch immer häufiger ist die Karriere vorrangig. Das Eheleben entwickelt sich solide, noch ist die Scheidungsrate erheblich geringer als bei uns. Das altchinesische Sprichwort »Eheleute sollten sich zueinander wie Gäste verhalten« hat nicht an Gültigkeit verloren.

Unterschiedliche Hochzeitsbräuche deuten auf eine Kluft zwischen Stadt und Land hin. In der Stadt sind die jungen Leute modern eingestellt, traditionell will man es auf dem Land.

Dort beginnt die Hochzeit mit einer Nacht des Weinens, die Braut weint, weil sie das Elternhaus verlassen muß, ihre Mutter und die Schwestern (nicht die Brüder) stimmen ein. Die Tränen sind Sitte, wer nicht weint, setzt sich Sticheleien und Spott aus. Früh raus, heißt es am Hochzeitstag. Begleitet vom Krachen der Knallfrösche, setzt sich der buntgeschmückte Eselkarren oder der girlandenbehängte 7,5-Tonner mit der Aussteuer der Braut in Bewegung. Das Ehebett, der Schrank, die Truhe mit dem Bettzeug, das Geschirr, der Fernseher und die Thermoskannen werden vom Bruder zum Haus des Bräutigams kutschiert. Die Fuhre nimmt nicht den direkten Weg, das ganze Dorf muß schließlich an diesem

Ereignis teilhaben. Die Dorfjugend rennt johlend hinter dem Gefährt her und bettelt um Bonbons.

Im Haus des Bräutigams werden einige Blutstropfen aus einem Hahnenkamm auf rotes Papier in einem Weihrauchgefäß geträufelt; dieses Opfer soll die Ehe vor bösen Geistern schützen. Nun wird den Vermählten ein rotes Seidenband mit einer Blume in der Mitte überreicht. Dieser Brauch geht zurück auf die Sage vom Alten Mann im Mond. Er soll einmal beide gleich nach der Geburt mit einem unsichtbaren Zauberfaden an den Beinchen zusammengebunden haben. Die verknüpften Menschen waren somit füreinander bestimmt.

Der junge Bauer führt seine Braut zum Ahnenaltar, wo zwei Schalen mit Nudeln und zwei Becher mit warmem Reiswein stehen. Da die Nudeln besonders lang *(chang)* sind und Wein *jiu* heißt, entsteht die symbolische Kombination *changjiu* mit der Bedeutung »von Dauer«. In Ehrerbietung verbeugt sich das junge Paar vor den Eltern und betritt zusammen das Brautgemach, wo lediglich zwei Bänke stehen.

Nun gilt es die mitgebrachten Möbel vom LKW zu hieven. Dabei darf den Eheleuten nur eine Frau helfen, deren Eltern noch leben und die einen Sohn und eine Tochter hat. Sie streut zwölf Bündel Reisstroh ins Ehebett und prophezeit damit zwölf Monate im Jahr Glück und keinen einzigen kalten Tag. Ist dieses Ritual vollzogen, schwelgen alle beim üppigen Festbankett mit Wein, Bier und 55prozentigem Schnaps aus Weizen oder *gao-Liang.*

Neun Monate später kommt in der Regel ein Kind zur Welt. Die Geburt eines Jungen wird als freudiges Ereignis begrüßt, die eines Mädchens kann zur Tragödie werden. Das Neugeborene wird getötet, in der Hoffnung, das nächste Mal einen Jungen zu bekommen. Um solchen Extremfällen vorzubeugen, wurde die Ein-Kind-Politik auf dem Land gelockert.

Laut Statistik wird die Geburtenkontrolle unterschiedlich befolgt: Während es sich in den Städten bei den Neugeborenen zu 90 Prozent um Einzelkinder handelt, sind es auf dem Land durchschnittlich nur 45 Prozent. Traditionell hat eine Bauernfamilie zwischen vier und sechs Kinder, die einmal die Altersversorgung der Eltern sicherstellen sollen.

Auch der Totenkult belegt ein großes Gefälle zwischen Stadt und Land. Um als Vorbild im Kampf gegen die feudalen Sitten zu glänzen, erließ die Kommunistische Partei in den fünfziger Jahren die Anweisung, daß hohe Funktionäre nach ihrem Tod eingeäschert werden – Mao Zedong ist die einzige Ausnahme. Im alten China war die Erdbestattung in einem noch zu Lebzeiten gezimmerten Sarg populär, die abergläubischen Menschen hatten solche Angst vor dem Feuer wie mancher fromme Christ vor dem Fegefeuer. Der Sarg verschwand nicht in der Erde, sondern in einem gemauerten Hügelgrab auf dem Pachtfeld des Verstorbenen oder am Wegrain. Nachdem die Leiche verwest war, meist nach sieben Jahren, wurden die Knochen aus dem verfallenen Sarg genommen und in einem Schrein im Ahnentempel des Dorfes aufbewahrt. Wie in einem Magazin waren dort die Urnen mit den hölzernen Namenstäfelchen auf Regalen gestapelt. Wo die Nachfahren ihren Ahnen Speiseopfer und Räucherstäbchen dargebracht hatten, ließen die Kommunisten ab 1949 Grundschulen einrichten.

Wohlhabende Bauern hatten einen eigenen Ahnentempel auf dem weitläufigen Gelände ihres Hofs. Hier nahm der Totenkult bombastische Züge an. Noch während der Leichnam in den Inneren Gemächern im offenen Sarg aufgebahrt wurde, mußten sich die Hinterbliebenen ganz in Weiß kleiden, fernere Verwandte konnten sich mit einem weißen Tuch um die Hüfte begnügen, allerdings mußte jeder im Haus weiße Stoffschuhe tragen. Der Enkel – war dieser noch zu jung, dann der älteste Sohn – bat buddhistische oder taoistische Mönche ins Haus und vertraute ihnen die Seelsorge an.

Der Schriftsteller Ba Jin (Li Feigan) hat in seinem autobiographischen Roman *Die Familie* aus dem Jahre 1931 den Kult in seiner reichen Großfamilie beschrieben: »Ein taoistischer Mönch hatte die Zeremonie des ›Wegöffnens‹ vorzunehmen. Er war es auch, der den Zeitpunkt für die Einkleidung des Toten festsetzte. Totenhemd und andere Gerätschaften waren bald bereitgestellt, die Leiche wurde gewaschen und angekleidet. Dann wurde der Tote bequem in den Sarg gebettet. Gegenstände, an denen er besonders gehangen hatte, wurden mit in den Sarg gegeben, bis er auf den letzten Spalt gefüllt war. Gegen Abend nahm ein großer Trupp Mönche unter Anrufung Buddhas die Sargumschreitung vor. Insgesamt einhundertacht Kahlgeschorene zogen, ein Räucherstäbchen in der Hand und die Namen der buddhistischen Gottheiten murmelnd, in der Halle und dem Innenhof ihre Kreise. Sie betraten die Halle und verließen sie wieder, sie stiegen die Stufen hinauf und wieder hinab. Um zehn Uhr am nächsten Vormittag wurde der Sarg geschlossen. Klagen und Heulen mischten sich in eins, manche weinten auch wirklich.«

Noch während der Sargumschreitung mußte der engste Verwandte des Verstorbenen auf das Hausdach steigen, weit hörbar dessen persönlichen Namen rufen und dessen Kleider gut sichtbar durch die Luft schwenken. Da auch diese Anstrengung die Seele nicht zurückholen konnte, wurde der Mund mit einer Mischung aus Reis und Jade gefüllt. Die übrigen Körperöffnungen wurden mit Jadestückchen verschlossen, damit keine fremde Seele eindringe und aus dem leeren Körper einen Dämon mache. Zuletzt wurde die Leiche in viele Kleider gehüllt, um ein schnelles Verwesen zu verhindern. Erst jetzt verschloß man den Sarg und stellte ihn 49 Tage in der Totenhalle des Hauses auf. In dieser Zeit verweilten buddhistische oder taoistische Mönche und Nonnen beim Toten, murmelten Sutras und sangen.

In all den Tagen der Andacht schallte ein Trauer- und Klagegeheul durchs Haus, um Geister und Dämonen vom Sarg fernzuhalten. Die Söhne mußten außerhalb des Hauses in einer Hütte auf Stroh schlafen und fasten, bis sie so schwach waren wie Sterbende. Nach der Klagezeit blieb der Tote so lange begraben, bis nur noch die Knochen übrig waren. Die ausgegrabenen Knochenreste wurden anschließend im Ahnentempel der ehrwürdigen Familie aufbewahrt. Nun stand der letzte Akt des Totenkults bevor, die Erstellung der Ahnentafel. Bevor der Name des Verstorbenen in Stein gemeißelt werden konnte, mußte die Tafel des Urgroßvaters in einer Steintruhe abgelegt sein, damit sie ihre Persönlichkeit verlor. Erst jetzt konnte der Name des Ahnen von den Nachkommen angenommen werden. Mit diesem letzten Akt sollte die Reinkarnation der Seele des Großvaters im Enkel möglich werden.

Wie kein anderer Brauch hat sich der Totenkult bis

heute erhalten, daran konnten weder kommunistische Unterdrückung noch Umerziehung etwas ändern. Da das alte Sprichwort »Bereite dich ab siebzig auf das Sterben vor« von den Bauern ernst genommen wird, kaufen sie frühzeitig ihren geschnitzten Sarg aus schwerem, teurem Holz. Die Bestattung in Hügelgräbern auf dem eigenen Feld oder am Wegrain ist heute verboten, jedes größere Dorf hat einen Friedhof und ein Krematorium. Aus Mangel an kultivierbarem Ackerland werden die weit sichtbaren, weißgekalkten Hügelgräber meist an den Hängen oder in unfruchtbaren Gebieten angelegt. Während die Feuerbestattung in der Stadt ein Muß ist, können die Bauern frei wählen. Sie können ein Grabmal auf öffentlichem Grund kaufen. Wie ihre Ahnen befragen sie für die richtige Grabwahl einen Geomanten. Nach dem »Wind-und-Wasser-Prinzip«, *feng shui*, bestimmt er mit einem Kompaß den geeigneten Ort. Das Hügelgrab, symbolischer Tunnel zur Unterwelt, liegt ideal, wenn es zwischen einem Hügel im Norden und im Osten und einem Wasserlauf im Süden liegt.

In den Städten haben weder die Lebenden noch die Toten genug Platz. Ein zusammengeballtes Millionenheer ist ein unumstößliches Faktum, es bestimmt das Leben und das Sterben. Die städtische Wohnungsnot ist bekannt, doch nur wenige wissen, daß aus Platzgründen die Feuerbestattung Vorschrift ist. Schon kurz nach dem Tod wird der Leichnam in einem Sarg oder nur in Decken eingehüllt zum Krematorium gefahren. Die Angehörigen müssen einen Holzkasten mit einem Foto des Toten und einige hundert Yuan bereithalten. Jedes städtische Krematorium hat eine Urnenhalle, in der die Asche bis zu drei Jahren aufbewahrt wird. Will sie bis dahin keiner haben, wird sie in einem Massengrab verscharrt. In der Regel holt der älteste Sohn oder der Enkel die Urne ab und bringt sie in die Heimat zurück. Nun steht es ihm frei, die Urne an einem Berghang oder an einem Flußufer zu vergraben oder in alle Winde zu verstreuen. Parteikader wie Deng Xiaoping folgten dem Beispiel von Friedrich Engels und ließen ihre Asche ins Meer streuen.

Der Alltag läßt wenig Zeit für eine große Trauerzeremonie. Nur die engsten Verwandten, Erwachsene wie Kinder, tragen für drei bis vier Wochen eine schwarze Armbinde. Während dieser Zeit schmückt ein weißer Papierblumenkranz den Eingang zur Wohnung.

Ein Begräbnis, eine Geburt oder eine Hochzeit bringt den organisierten Alltag aus dem Lot; mit traditionellen Festen halten die Chinesen ihre Vergangenheit am Leben und gönnen sich Pausen übers Jahr. Mit dem Frühlingsfest beginnt das neue Mondjahr, es wird immer an den ersten drei Tagen des ersten Mondmonats (von Ende Januar bis Mitte Februar) veranstaltet. In neuen Kleidern werden Neujahrsbesuche *(bainian)* bis zum 15. Tag dieses ersten Mondmonats, dem Lampionfest *(yuanxiao)*, veranstaltet. Nach alter Sitte ißt man heiße Reiskugeln mit süßer Sojabohnenfüllung. Am 5. April (des Sonnenkalenders, der als offizieller Kalender gilt) werden die Friedhöfe aufgesucht, an *qingming* gedenkt man der Toten.

Im Volksmund heißt *zhongqin jie* auch Mondkuchenfest, es ist das Mitte-Herbst-Fest und wird am 15. Tag des achten Mondmonats (Ende September) gefeiert. Die sommerliche Hitze ist bereits etwas abgeklungen, und der Mond strahlt so schön, daß man die sagenumwobene Fee, *chang'e*, im Mond zu sehen glaubt. Um sie zu ehren, aßen die Menschen runde Mondkuchen mit einer süßen

Füllung aus Datteln, Lotussamen und Sesamkörnern. Neuzeitliche Geschichtsforscher entdeckten einen weiteren Grund für den Verzehr von Mondkuchen. Im alten China sollen die Menschen mit dieser Sitte eines Aufstands gegen die Mongolen gedacht haben, der dank einer (weiblichen?) List siegreich verlaufen war: Die Parole der Rebellen war, in einem Mondkuchen eingebacken, durch die feindlichen Linien geschmuggelt worden.

Das Mondjahr endet mit dem Küchengott-Fest am 23. Tag des zwölften Mondmonats. Am Vorabend des Frühlingsfestes werden Süßspeisen geopfert, um ihm die Lippen mit klebrigem Reis, Honig oder Dattelmus zu verkleistern. Die Menschen wollen verhindern, daß der Küchengeist am besagten 23. in den Himmel fährt und dort von ihren Schandtaten berichtet.

Offiziell gilt seit dem Ende der Monarchie im Jahre 1911 der abendländische, der Gregorianische Kalender. Doch inoffiziell halten die Menschen, vor allem die Bauern, an einer altertümlichen Zeitrechnung fest, die nicht ganz korrekt »Mondkalender« genannt wird, weil sie sich sowohl am Mond- als auch am Sonnenlauf orientiert. Demgemäß richtet sich die Länge des Jahres einmal nach der Umlaufzeit des Mondes um die Erde und zum anderen nach der Dauer des – fälschlicherweise vermuteten – Umlaufs der Sonne um die Erde. Da eine Mondphase etwa 29,5 Tage währt, mußten die Astronomen der Antike die Dauer eines Monats auf 29 oder 30 Tage festlegen. Das grob vereinfachte Zeitmaß bedingt, daß ein durchschnittliches Mondjahr etwa 354 Tage zählt – rund elf Tage weniger als ein normales Sonnenjahr.

Schon bald klafften die Kalenderdaten und die Jahreszeiten auseinander. Nach drei Mondjahren wies der Lunarkalender einen Rückstand von mehr als einem Monat auf. Eine exakte Berechnung war erst durch die Einführung des Lunisolarjahres möglich. Hierfür wird neben dem Wechsel der Mondphasen der natürliche Ablauf der Jahreszeiten berücksichtigt und in periodischen Abständen ein 13. Monat (Schaltjahr: 384 Tage) eingeschoben. Dank der lunisolaren Kalenderrechnung konnte die rund 29tägige Mondumlaufzeit mit den knapp 365 Tagen der angeblichen Sonnenumlaufzeit in Einklang gebracht werden. Allerdings mußte der Kalender des öfteren neu berechnet werden. Die vorletzte Neuregelung des traditionellen Kalenders fand im Jahre 1645 unter Leitung des kaiserlichen Hofastronomen, des Kölner Jesuiten Adam Schall von Bell (1592–1666), statt.

Vom Trinken und 8000 Köstlichkeiten

Keine andere Küche der Welt schenkt uns aus dem fast Nichts solche Glückseligkeit«, so verzaubert sprach einer, der viele Küchen gekostet und zu Hause eine weltberühmte hatte – Marco Polo, der venezianische Weltreisende. Die rund 8000 Gerichte der chinesischen Küche hat er wohl kaum probiert, vermutlich hat er die Tagliatelle zu sehr geliebt. Marco Polo hätte genügend Zeit, Muße und Geld gehabt, immerhin stand er 16 Jahre lang im Dienst von Tschingis Khans Enkel, der Ende des 13. Jahrhunderts Kaiser von China war. In dieser Zeit dürfte er auch dem Kaiser der Rezepte, Hu Sihui, begegnet sein. Dieser sorgte sich als Küchenmeister und Hofarzt der Yuan-Dynastie (1271–1368) um das leibliche Wohl des Kaisers. Gutes Essen macht gesund, schlechtes krank; diese und viele naturverbundene Ernährungsweisheiten veröffentlichte der Hofmedikus im Jahre 1330 im Kochbuch *yin shan zheng yao*. Sein Werk der »Tausend kulinarischen Köstlichkeiten« sicherte der Kochkunst ein für allemal einen hohen Rang im Kreis der schönen Künste.

Als bester Minister galt einer, der sich in der Küche auskannte. Ja, Kulinarisches war im feudalen China der Tuschemalerei, der Kalligraphie und der Poesie ebenbürtig – ein Mandarinenfisch in Pfeffer und Essig war wie ein Gedicht. Und klingen Namen wie Frühlingsrolle, Reis der Acht Kostbarkeiten (Pudding), Vier Köstlichkeiten (Zunge, Füße und Innereien der Ente) und Dreifach Frisch nicht wie Gedichte?

Grenzt es nicht an Philosophie, wenn die Qualitäten der edelsten Delikatessen Farblosigkeit, Geruchlosigkeit und Geschmacklosigkeit heißen? Die erste Delikatesse ist die süßliche Schwalbennest-Suppe. *Yanwo*, Schwalbennester sind die Nester der Salanganen, einer ostindischen, graubraunen Schwalbenart. Die napfförmigen Nester, vorwiegend aus schnellhärtendem Speichel, sind hoch oben an den Wänden großer Felshöhlen angebracht und nur unter Lebensgefahr zu erreichen. Die zweite Delikatesse ist die dick eingekochte Haifischflossen-Suppe, *yuchi*. Die Flossen werden luftgetrocknet und so haltbar gemacht. Die dritte Delikatesse ist der sogenannte »Silberschwamm«, ein Gallertpilz mit großer Heilwirkung. Die drei »Ohne«-Delikatessen erhalten erst durch raffinierte Zutaten einen dezenten Geschmack.

Essen bedeute das halbe Leben, sagt man. Essen mag viel heißen, aber die Formel stimmt nicht. Aus Berechnungen geht hervor, daß ein normaler Mensch im Osten wie im Westen zeit seines Lebens zwischen 75 000- und 100 000mal ißt. Aufgereiht zu einer einzigen Riesenmahlzeit würde das Essen »nur« 13 bis 17 Jahre seines Lebens ausmachen. Der Chinese ist enttäuscht über das Rechenergebnis, denn er ißt für sein Leben gern. Für ihn liegt das Leben in den Händen des Kochs und nicht im Schoße der Götter. So beschwört er den nüchternen Fremden: »Mit den guten Geistern der Küche müssen wir freundlich umgehen, denn sie sind unsere Amme.«

Der Ernährung wurde in der Antike magische Kraft

zugesprochen. Die Herrscher der Frühzeit ernährten sich im Wandel der Jahreszeiten: Im Frühling speisten sie Lamm oder Spanferkel. Im Sommer schrieb das Ritual luftgetrocknetes Huhn und Trockenfisch, in Hundefett gebraten, vor. Im Herbst Kalbfleisch, Damhirsch und Hirschkalb, und im Winter wurden frischgefangener Fisch und in Schafsfett gesottene Wildgänse aufgetragen. Später entdeckte man das Ölpressen aus Getreide. Schafs- und Hundefett gerieten in Vergessenheit, pflanzliche Öle und Fette schmeckten besser und waren bekömmlicher. Die Entdeckung des Öls brachte die drei wichtigsten Gartechniken hervor: das Braten *(jian)*, das Garen in zischend heißem Öl *(zha)* und das Eintauchen in siedendes Öl *(chao)*. Inzwischen kennt die historisch gewachsene Küche bis zu fünfzig Garmethoden.

Kochen wäre kulturlos, basierte es nur auf Techniken. Vielmehr liegt ihm die Harmonie der Gegensätze zugrunde: etwas süß, aber nicht zu süß; etwas scharf, aber nicht zu scharf, etwas salzig, aber nicht zu salzig.

Kochen entwickelte sich zu einer hochverfeinerten Kultur, weil alle Sinne zugleich angesprochen werden sollen. Zum Leben gehören Leidenschaften, Begierden und Lust. Es ist nur menschlich, daß man nach Erkenntnis, aber auch nach Wasser dürstet, daß man eine schöne Idee und knuspriges Schweinefleisch mit Bambussprossen gleichermaßen liebt und einen klugen Gedanken ebenso bewundert wie eine schöne Frau. Der Epikuräer Li Liweng sagt: Alle Organe des Körpers haben eine gute Funktion, außer Mund und Magen, von ihnen kommt alles Unheil der Menschheit. Nehmt die Pflanzen als Beispiel, sie leben ohne Mund und Magen. Auch im Westen ist allgemein bekannt, daß der Mund, das Maul, der

Schlund ein bodenloses Loch sein kann. Was hat es für einen Wert, »Frieden! Friede!« zu rufen, wenn unter dem Zwerchfell kein Friede herrscht? Für Li Liweng heißt der echte Glückszustand: warm, gut gefüllt, dunkel und süß. Die höchste Anforderung an gutes Essen sieht er in gesottenen Krebsen verwirklicht, diese haben eine herrliche Farbe, Wohlgeschmack und duften.

Die chinesische Zivilisation hat für alles einen Spruch auf Lager. Für das irdische Leben ist folgender am populärsten: »Geboren in Suzhou, leben in Hangzhou, essen in Guangzhou und sterben in Liuzhou.« Fallen die Namen dieser vier Orte, dann leuchten die Augen eines Chinesen, denn es sind Superlative: in der Kleinstadt Suzhou (westlich von Shanghai) leben die schönsten Frauen Chinas, in Hangzhou (südlich davon) ist die Landschaft am schönsten. In Guangzhou gibt es die kantonesische Küche und in Liuzhou (südlich der Zuckerhüte von Guilin) das edelste Sargholz.

Die kantonesische Küche, deren Heimat die südlichen Küstenprovinzen Guangdong und Fujian sind, genießt Weltruhm, den sie in dieser Einmaligkeit gar nicht verdient. Weil die Kantonesen nach Hongkong, Südostasien und in den Westen ausgewandert sind, konnten sie sich erlauben, ihre Lokalküche der Welt als chinesisch schlechthin zu servieren. Allein dem Exodus verdanken sie ihren kulinarischen Ruhm. Zweifellos ist die Kantonküche exzellent, doch im Ausland fehlt die Konkurrenz. Wer kennt schon die Stile von Peking, Shanghai, Shandong, Hunan und Sichuan (Szetchuan), um nur die wichtigsten zu nennen? Wer weiß schon, daß jeder der acht berühmtesten Stile mindestens tausend Gerichte kennt?

Die Kantonesen sparen mit Öl, deshalb müssen sie blitzschnell anbraten und wenden, anbraten und wenden. Bemerkenswert ist die Schockbehandlung im Wok, kurz und heftig wird alles in siedendheißem Öl angebraten. So behält das Gemüse Biß und Vitamine, das Fleisch bleibt zart und saftig. Viel Rohrzucker, Soja und Sirup werden verwendet, Chili und Cayenne überläßt der kantonesische Koch seinen Sichuaner Kollegen. Das große Plus der kantonesischen Küche ist ihre Mammutpalette von der geschnetzelten Bambusratte, den in Bambuskörbchen gedünsteten *dim sum*-Teigtaschen, den Lilienwurzeln bis zu Schlange und Meeresfrüchten mit und ohne Seetang.

Peking und Kanton trennen rund 2300 Kilometer, die Küchen unterscheiden sich beinahe so wie unsere Knödel von einer Paella. Auch dieser Vergleich hinkt, denn die Peking-Küche ist mehr als eine runde Sache, sie ist immerhin aus der kaiserlichen Küche der Ming-Dynastie (1368–1644) hervorgegangen. Mindestens so bekannt wie kantonesisches »Süß-Sauer« ist die »Peking-Ente«, an der wir Ausländer die knusprige Haut viel mehr schätzen als die Chinesen. In der Hauptstadt serviert man ölige Speisen und Marinaden, gedämpft wird dafür das Brot, *mantou*, das hier als Reisersatz dient.

Die Shanghaier Küche ist – boshaft gesagt – der große Topf, in dem sich alle wiederfinden. Da die eigentliche Hauptstadt am chinesischen Äquator liegt, ist ihr Stil übergreifend. Während die Küstenbewohner von Shandong herb, unter reichlicher Verwendung von Fisch kochen und die Hunaner recht Scharfes aus Getreide und Reis zaubern, legen die Shanghaier Wert auf raffiniertes Dämpfen und Köcheln. Gesottenes mit viel Ingwer und

Knoblauch ist berühmt. In der Küche findet man denn auch ein breites Sortiment an Bambusdämpfkörben, Sieblöffeln und Schöpfkellen. Ein Sonderling unter allen Stilen ist der Sichuaner, ihn prägen die Prädikate: chili-scharf und pfeffer-feurig.

Alle Stile sind überall vertreten. In den großen Städten bieten Spezialitätenrestaurants Gerichte aus allen Regionen des Landes an. Schlangenessen (die Haut paniert, das Fleisch gegrillt, die Innereien als Suppe) ist aktuell im Norden en vogue. Die Restaurants in den Vier-Sterne-Hotels bieten verschiedene Landesküchen an. Was den Pekinger, den Shanghaier, den Kantonesen und den Sichuaner eint, ist ein Getränk, der grüne Tee. Was hat es mit diesem klassischen Getränk auf sich?

Ob die allererste Teepflanze *(Camellia sinensis)* im Reich der Mitte oder in Indien geerntet wurde, wird wohl für immer ein Geheimnis bleiben. Sicher ist, daß die Chinesen den grünen Tee mit oder ohne Jasminblüte über alles lieben. Die Spitzen der jungen Blätter müssen an einem klaren Tag in aller Frühe gepflückt werden, wenn die Morgenluft frisch und dünn über die Bergkuppen weht und der Duft der Tautropfen noch auf den Blättern liegt, denn der Tau ist der »Saft von Himmel und Erde«.

Der Grüne stammt vom gleichen Strauch wie der Schwarze, er ist nur nicht fermentiert, das heißt chemisch verändert. Nachdem die Blätter gezupft sind, werden sie schnell welk. Bevor der Trocknungsprozeß einsetzt, erhitzt man sie kräftig über Dampf, wodurch die Fermente und Enzyme zerstört werden. Die Blätter verfärben sich nicht kupfern, sondern bleiben olivgrün. Zum Schluß der Prozedur wird der grüne Tee *gesteamt*, was nichts anderes als leicht gerollt bedeutet. Europäern ist der grüne Tee, der noch alle Bitterstoffe enthält, oft zu herb.

Mit den Zeiten hat sich der europäische Geschmack gewandelt. Als im Jahre 1610 die ersten Teekisten in Rotterdam gelöscht wurden, stürzten sich alle auf den Inhalt – auf grünen Tee. Unsere Vorfahren liebten anscheinend den Geruch nach frischgemähtem Heu und zogen den zarten Eigengeschmack des Grünen dem des rauchigen und bitteren Schwarzen vor. Der Geschmack änderte sich ab 1669, als zum erstenmal Tee der Ostindischen Handelskompagnie aus Indien nach Europa kam, der Schwarztee verdrängte den grünen. Zwischen 1693 und 1763 existierten in London mehr als 3000 öffentliche Teestuben. Damals importierte Europa 7000 Tonnen Tee aus Fernost. Der Franzose Denis Diderot definiert in seiner aufklärerischen *Grande Encyclopédie* den Geschmack von Tee als »ein wenig bitter, leicht adstringierend und angenehm«. Zudem heile er Gicht und Harngrieß, doch Leute über Vierzig sollten sich enthalten, denn der Tee trockne den älteren Körper aus.

Auch Chinesen schränken den Teegenuß ein. Man trinke Tee in stiller Gesellschaft, während Wein für laute Kumpanei sei. Beim Teetrinken dürfe man nicht von schreienden Säuglingen und tratschenden Weibern umgeben sein. Und aufklärend heißt es: »Sprich nicht, ehe du nicht einen Schluck Tee getrunken hast.«

Eine klassische Abhandlung empfiehlt, bei starkem Regen und Schneefall mit dem Teetrinken aufzuhören. Die sieben guten Zeiten, um Tee zu verkosten, sind: Wenn man vom Gedichtelesen müde ist. Wenn man beim Denken gestört wurde. Wenn man auf der Laute spielt und Bilder betrachtet. Vor einem hellen Fenster und einem aufgeräumten Schreibtisch. Wenn es ganz leicht regnet. In einem bunten Boot in der Nähe einer kleinen Holzbrücke. Wenn die Kinder in der Schule sind.

Cha heißt das Getränk, über das wir sprechen. Aber im Dialekt der Küstenstadt Amoy, wo vermutlich die ersten Tee-Exporte abgefertigt wurden, wird Tee als *t'e* gesprochen; diese Aussprache haben die Franzosen und Spanier, die Italiener und Deutschen übernommen. Der klassische Tee-Knigge ist das *Chajing* von Lu Yü (733–804). Hierin heißt es über kluges, genießerisches Trinken: »Die erste Schale tröstet die Kehle, die zweite verscheucht die Einsamkeit. Bei der dritten Schale suche ich meine Seele und finde 5000 Bände alter Gedichte. Mit der vierten Schale wäscht ein leichtes Schwitzen alle unangenehmen Dinge weg. Bei der fünften werden meine Knochen und Muskeln gereinigt. Mit der sechsten trete ich in Verbindung zum unsterblichen Geist. Die siebte Schale? Die ist verboten! Schon beginnt eine himmlische Brise meinen ganzen Körper zu beruhigen.«

Der grüne ist der Tee des kleinen Mannes, aber der »weiße« ist der Tee des Aristokraten. Dieser sehr seltene und sündhaft teure Tee aus der Provinz Fujian wird ganz sachte über offenem Feuer getrocknet und heißt »Fliegender Drache in den Wolken«.

Wie man Schwarztee zubereitet, weiß jeder »Barbar«. Beim grünen belehrt uns der Chinese: Zuerst simmert das Wasser, bald steigen vom Boden »Fischaugen« und »Krabbenschäumchen« auf, dann sprudelt das Wasser. Jetzt heißt es den Wasserkessel vom Feuer nehmen und solange warten, bis sich das Teewasser wieder beruhigt hat. Geduld! Erst nach einer kurzen Weile darf aufgegossen werden. Den grünen sollte man viel sparsamer verwenden als den schwarzen. Der erste Aufguß darf nur kurz ziehen, bis ein blasser Goldton die Schale füllt. Im übrigen ist der zweite Aufguß der beste. Jetzt hat der Grüne den sogenannten »wiederkehrenden Geschmack«, *huiwei*. Ein leichter Heugeschmack ist typisch für den ersten, ein leichter Fleischgeschmack für den zweiten Aufguß.

Leider hat die laute, tölpelhafte Kumpanei die stille, meditative Gesellschaft verdrängt. Was die Pekinger, Shanghaier, Kantonesen und Sichuaner heute eint, ist das süffige, süßliche Bier. Zunehmend weicht der Tee dem Bier. Im ersten Jahrzehnt der Öffnungspolitik stieg der nationale Bierkonsum von vier auf 65 Millionen Hektoliter. Moderne Chinesen trinken *pijiu* wie grünen Tee und bekommen schnell feuerrote Gesichter.

Die aus der deutschen Brauerei »Germania« hervorgegangene *Tsingtao*-Brauerei hat in jeder Provinz Konkurrenz bekommen. Die Restaurants allerorts schenken eher lauwarmes Bier und warme Cola als heißen grünen Tee aus. Es ist ein Jammer! In der kulturellen Wüste dürstet es die Zeitgenossen eher nach Bier als nach Tee. Wer ein schönes Teehaus besuchen will, muß lange suchen. Guten Gewissens sind nur das offene Teehaus im Volkspark und das geschlossene in der Altstadt von Chengdu (Provinz Sichuan) zu empfehlen. Zum Glück befolgt der moderne Chinese noch die alte Sitte und trinkt eine Tasse Tee als Aperitif, um den Magen vorzuwarnen.

Im Norden und in der Westprovinz Sichuan liebt man den hochprozentigen Schnaps aus Weizen und *gaoliang* (Sorghum). Die besten Marken heißen *Maotai* aus der Provinz Guizhou, *Wulingye* aus Sichuan und *Fenjiou* aus der Provinz Shanxi. In Shanghai und Kanton ist der warme rote Reiswein *Shaoxing* populär. Welch ein Mißverhältnis! Vor uns ein kulinarisches Eden aus mindestens 8000 Gerichten und daneben eine Minibar mit wenigen Schnäpsen, Wein und Bier.

Der Genuß geistiger Getränke, der Schwips, der Rausch und auch der Suff haben Tradition. Li Bai (Li Taipo), ein Romantiker voll wilder, phantastischer Züge, pflegte im Rausch wunderbare Verse zu dichten. Nach vielen Bechern Reiswein kalligraphierte er: »Mein Pinsel rast dahin, und es ist, als ob Drachen und Tiger entstünden; mein tanzender Ärmel streift die Wolken des Firmaments.« Soviel aus dem Pinsel eines Dichters, der als einer der »acht Unsterblichen des Weinbechers« galt. Weniger wilde Literaten empfahlen, am Tage solle sich der Mann in Gegenwart von Blumen betrinken, damit er ihr Licht und ihre Farbe in sich aufnehme. Nachts solle er sich im Schnee betrinken, damit er klare Gedanken bekomme. Wer sich schließlich beim Abschied betrinkt, der soll auf einem Instrument einen Ton anschlagen, um seine Seele zu stärken. In einem Punkt sind sich alle berauschten Dichter einig: Beim Trinken kommt es vor allem auf das Gefühl des Trinkens an.

Sich (bewußt) zu berauschen, hatte viel mit Suchen zu tun. Der Gelehrte Wang Chi beschreibt das »Land der Trunkenen«. Viele Meilen vom Reich der Mitte entfernt ist es von wüstenartiger Weite: keine Berge, keine Ufer. Das Wetter dort ist immer harmonisch-milde, es gibt keinen Gegensatz von Licht und Finsternis, die Menschen sind vergeistigt, sie kennen weder Liebe noch Haß, weder Freude noch Unwillen, sie schlürfen den Wind und trinken den Tau und verweigern den Genuß von Getreide. Der Schlaf ist traumlos, das Wandeln gemächlich, die Menschen leben zusammen mit Fischen, Krebsen, Vögeln und Vierfüßlern.

Kommen wir vom berauschenden Reiswein zum sättigenden Reis, von dem Konfuzius einmal gesagt haben soll: »Er muß weiß sein wie frisch gefallener Schnee.« *Mifan* wird immer wieder maßlos überschätzt, weil er in den kantonesischen Chinas-Restaurants rund um den Erdball tonnenweise verarbeitet und wunderbar locker in großen Schüsseln gereicht wird, als sei er das Hauptgericht. Das ist er in China höchstens an Werktagen bei den ärmeren Bauern, die sich selten Fleisch leisten können. Bei einem guten chinesischen Essen ist der Reis nebensächlich, oft nur Nahrung für das Auge, wenn er als mageres Häufchen gegen Ende des Banketts gereicht wird. Zu diesem Zeitpunkt sind die ausländischen Gäste längst satt, und die Chinesen rauchen lieber eine Zigarette.

Reis und Reisanbau haben eine lange Tradition, das Getreide Reis wird in unzähligen Produkten wie Glasnudeln verarbeitet und ist neben Weizen die Hauptnahrung. Als China noch kein einheitliches Reich war, sondern in viele Lehnsstaaten mit Sklavenhaltung zerfiel, war der schneeweiße, polierte Reis dem Adel vorbehalten. Im Laufe der Jahrtausende entstand ein richtiger Reiskult mit Kodex. Der Reis durfte in der Schale nie so aufgehäuft werden, daß er sich türmte, sonst hätten die Götter die Schale Reis als Opfergabe für die Ahnen verstanden. Auch nur ein paar Körner wegzuwerfen oder Reste in der Schale zurückzulassen war verpönt. Wer das tat, mußte mit Pokken rechnen oder lief Gefahr, vom Donnergott erschlagen zu werden. Zu Unrecht wird Konfuzius für alles Rückständige und Repressive in China verantwortlich gemacht. Er kümmerte sich viel um die Ernährung des Volkes, ihm war klar, daß die Volksgesundheit das Staatswesen vorteilhaft beeinflußte. Für ihn stand unumstößlich fest, daß Chinas Eßkultur eine Klassenkultur war: hie Vegetarier, da Fleischesser.

Die Bauern der Urzeit mußten mit Körnern, Pflanzen und Eiern vorliebnehmen, es schien göttliche Bestimmung, daß sie sich deren Essenzen aneignen mußten, um Macht über die Scholle zu erlangen. Dafür hatte nach der Mythologie ihre Seele auch keine Kraft für ein Leben im Jenseits. Welch ein gesundes Schicksal!

Nur der Adelsherr durfte Fleisch essen. Während den Seelen der Bauern die Kraft fehlte, den Tod zu überwinden, und sie so wieder in den Kreislauf des Lebens zurückfielen, konnte sich die Seele des Fürsten nach dem Tod in ein »geistiges Wesen«, *shenming*, verwandeln. Der Fürst bereitete sich auf den Tod vor, indem er möglichst fette Speisen, zum Beispiel in Fett schwimmende Bratfische, verzehrte und mit Pfeffer gewürzten Wein trank. In der alten Vorstellung verhinderten schwere Speisen, daß sich die Seele verflüchtigte.

Ein schönes Essen – in vielen Restaurants dominieren die Fleischgerichte – muß nicht nur stäbchengerecht zubereitet sein, es muß gleichermaßen das Auge sättigen. Zu weißem Hühnerfleisch gehört eine dunkle Soße, zu rotem Gemüse gehört ein grüner Kontrast. Ein Chinese stochert lustlos in seiner Portion, wenn das Fleisch nicht mit der Faser geschnitten ist und das Gemüse wie gehäckselt aussieht.

Das Kochen vollzieht sich in Etappen, vergleichbar dem Bau einer Geburtstagstorte. Die meiste Zeit erfordert das Putzen, das Kleinschneiden, das Marinieren und

Vorkochen. Küchenmeister, die eine lebenslange Lehrzeit hinter sich haben, wissen um die rituelle Bedeutung des Wassers, die fünf wesentlichen Geschmacksarten, die drei Materialien und neun Kochweisen, die neun Bratweisen und verschiedenen Feuerarten. Da nur auf zwei Flammen gekocht wird, muß der Koch ein genaues Know-how über eine hierarchische Abfolge besitzen: welche der unzähligen Zutaten und Gewürze früher, welche später zugesetzt wird.

In der chinesischen Kochkunst fehlt das Hauptgericht, ein Festessen ist eine Sinfonie mit Höhen und Tiefen, deren bescheidene Ouvertüre die Tasse Tee und eine Kalte Platte ist. Der Ritter Gottfried von Bouillon hätte sich sicher geärgert, daß seine heiße Fleischbrühe zur Anregung des Stoffwechsels beim Chinesen zum Schluß aufgetragen wird. Ein großes Bankett weist eine ausgedehnte Speisenfolge auf. Wer sich heißhungrig (Augen wie Blitze, Eßstäbchen wie Trommelschlegel) über das kalte Entree hermacht, der erntet nur Mitleid, denn Chinesen füllen behutsam ihren Magen, Stückchen für Stückchen, wofür sich die Stäbchen wunderbar eignen.

Bereits die Auswahl und Anzahl der Gerichte gibt Aufschluß über die Bedeutung des Gastes, über sein Alter (alten Männern wurde früher für die Potenz Schildkrötensuppe vorgesetzt, und Greise über Achtzig erhalten nur noch Leckerbissen) und über die Jahreszeit (Feuertopf und Hundefleisch sind typische Wintergerichte, weil sie Innere Hitze verursachen). Selbst an einer runden Tafel erkennt das geübte Auge den Ehrengast, dieser sitzt vis-à-vis der Tür.

Auch wenn auf der Tafel das Silber und doppelstöckig arrangiertes Geschirr fehlen, gilt es doch, Regeln zu beachten. Die Stäbchen sollten nach dem Essen nie in die Schale zurückgelegt werden, das ist nur beim Ahnenkult Usus und könnte Unglück bringen. Benutzte Stäbchen gehören rechts neben die benutzte Schale auf das Stäbchenbänkchen oder quer auf die Schale. Niemand braucht Angst vor dem Beschmutzen der Tischdecke zu haben, ganz selbstverständlich dürfen darauf Fischgräten und Knochen abgelegt werden. Kein Chinese wird sich daran stören, wenn jemand schmatzt oder die Suppe schlürft.

Den Umgang mit Stäbchen sollten Sie vor der Abreise lernen, sonst bleiben Sie hungrig und verlassen die Tafel mit einer verkrampften Hand. Die richtige Technik ist primitiv: das untere Stäbchen ist statisch zwischen Daumen und Ringfinger eingeklemmt. Das obere wird mit der Daumenkuppe seitlich an den Zeigefinger geklemmt und vom Mittelfinger gestützt, so kann es sich auf und ab bewegen. Nach spätestens drei Mahlzeiten beherrscht jeder das Klappern mit den »Verlängerten Fingern«. Meister kann sich jeder nennen, der folgende klassische Prüfung besteht: »Mit den Stäbchen ein Reiskorn vom Teller nehmen, eine Mücke in der Luft erhaschen und die feindlichen Pfeile in der Luft abfangen.«

Zum Abschluß dieses Kapitels ein paar Tips: In berühmten öffentlichen Restaurants, vor allem in den Seafood-Restaurants, sollte immer vorbestellt werden. Der größte Andrang ist abends. Alle Sterne-Hotels verfügen über mehrere Restaurants gehobener Qualität und verschiedener Landesküchen.

Im Norden wird früher gegessen als im Süden. In Peking gelten die Öffnungszeiten: 17 bis 21 Uhr. Im Süden von 18 bis 22 Uhr. Die Garküchen in den Straßen haben wie die kleinen (empfehlenswerten) Familiengaststätten von morgens bis spät in die Nacht geöffnet. Hier bekommt man auf schmuddeligen Klappstühlen auch preiswerte vegetarische Gerichte mit Tofu.

Es empfiehlt sich, erst nach beendeter Mahlzeit nach Zubereitung und Bestandteilen zu fragen (was ich einmal für Spargel hielt, entschleierte der Koch als tagelang gekochte Rindersehnen); wer trinkfaul ist, stellt sein Glas einfach auf den Kopf, da sonst nach dem zartesten Nippen nachgeschenkt wird; wer einem Chinesen das Essen vermiesen will, muß ihm beim ersten Gang von Butter vorschwärmen, beim zweiten von Buttermilch und beim dritten von Hand- oder Backsteinkäse; ein Bankett mit Pausen dauert in der Regel zwei Stunden, nach der Suppe kann höchstens noch der Nachtisch folgen.

In teuren Restaurants versucht die Bedienung manchmal noch, den Ausländer hinter Stellwände zu komplimentieren (wofür stillschweigend ein Aufpreis bezahlt werden muß). Der ausländische Gast speist am besten unter Chinesen.

Cash und Käsch

Shangdian ist der Laden und *youyi shangdian* der Freundschaftsladen. Dies Wissen reicht aus, denn beim Shopping zählt bekanntlich die Macht der Brieftasche. In China macht Einkaufen Spaß. Stundenlang, tagelang kann man sich von Kaufhaus zu Kaufhaus, von Arts & Crafts zu Antique Store, von Laden zu Straßenstand treiben lassen. Berauschend der Blick ins Kaleidoskop der Warenwelt.

Der Kunde deutet auf dieses und jenes, läßt sich alles zeigen und kauft – oder auch nicht. Allein das Gucken, das Beobachten der Chinesen lohnt einen Geschäftsbummel. Chinesen mit Geld bevorzugen Läden mit ausländischen Produkten, die Jungen die Filialen von Swatch, Armani oder Benetton, die Älteren die Lebensmitteltheken mit den importierten Delikatessen. Dort, wo sich Ost und West traditionell vereint, sollte jeder mal flanieren: auf Shanghais einstiger Avenue Joffre. »Paris Dreams« nennen sie heute die Huai Hai Lu in der ehemaligen französischen Konzession.

Jede große Stadt hat mindestens ein Einkaufszentrum und in der Regel einen Freundschaftsladen, dessen Namen noch aus maoistischen Zeiten herrührt. Durften früher keine Chinesen eintreten, so hat heute jeder Zutritt. Der größte Freundschaftsladen Chinas befindet sich im Pekinger Osten, dort kaufen auch die Diplomaten ein. Vom Café bis zum Blumenladen ist alles vertreten.

Im Freundschaftsladen zeugen die Regale von den großen Leistungen der chinesischen Wirtschaft. Das fängt bei den Akupunkturnadeln an und reicht über geschnitzte Rotholzmöbel im Taipan-Stil bis hin zum Make-up »White Swan«. Das schillernde Angebot wird nicht überteuert angeboten, dafür läßt sich nur selten handeln. Natürlich gibt es auch echten Scotch oder US-Zigaretten. Die Deutschen liefern den Moselwein, die Japaner den Sake. Nur der Kaviar, der kommt nicht aus Rußland, sondern aus der nordöstlichen Provinz Heilongjiang.

Bezahlt wird mit den international gängigen Kreditkarten oder mit der (noch) nicht konvertierbaren Landeswährung Renminbi, deren populärste Banknote ein Yuan, *yi yuan*, ist. Der Schein – ist er zu schmutzig oder geklebt, weisen Sie ihn zurück – zeigt noch die Nostalgie einer sozialistischen Hochglanzbroschüre. Eine junge Bäuerin mit wehendem Haar steuert lächelnd einen chinesischen Traktor. Sie hilft bei der motorisierten Getreideernte, ein winziger Mähdrescher im Hintergrund belegt es. Fünf verschiedene Schriften verkünden, daß die Volksrepublik China ein Vielvölkerstaat ist. Außerdem ist der Yuan-Schein mit dem Staatswappen versehen, und unter dem geschwungenen Schriftzug *Zhongguo Renmin Yinhang* (Chinesische Volksbank) sehen wir einen Hirten mit seinen Schafen. Diese Standardnote und der Zehn-Yuan-Schein sind nach dem gleichen Muster gestaltet, beide tragen viel Zierrat, der an Gehäkeltes erinnert. Außerdem sind ein Arbeiter, eine Bäuerin und ein Soldat der Volksbefreiungsarmee (VBA) zu sehen. Sie führen eine Gruppe von Männern und Frauen verschieden gekleideter Nationalitäten an. Die Strichzeichnung symbolisiert das Fundament des Sozialismus, das Bündnis von Arbeitern, Bauern und Soldaten, unterstützt von den 55 Nationalitäten des Landes. Der Hundert-Yuan-Schein zeigt protzend groß die Ikonen der chinesischen Revolution.

Auch in China wird alles teurer und Inflation ist längst kein Fremdwort mehr. Der Tag ist nicht mehr fern, da die Tausend-Yuan-Note in Umlauf kommt. Der Preisanstieg hat das Wesen des im März 1955 eingeführten Yuan verändert. Inzwischen ist seine Kaufkraft um die Hälfte geschwunden, sein heutiger Wert entspricht dem von 1957. Nur dank einem durchschnittlichen Einkommenszuwachs von 40 bis 55 Prozent kann diese Entwertung gemildert werden. So droht der Yuan nicht nur äußerlich zu einer nostalgischen Note zu werden.

Geldangelegenheiten sind kompliziert, geben aber viel über das Wesen eines Landes preis. Chinas Electronic-Industrie kann moderne Rechenmaschinen produzieren, doch mit dem Rechenbrett *Abakus* werden diese wohl nie ernsthaft konkurrieren können. Aus alter Gewohnheit klappern noch viele Verkäuferinnen und Büroangestellte mit den Holzkugeln des Abakus.

Wie in jedem Land der Erde ranken sich Sagen ums Geld. Als Spender des Reichtums galt im alten China ein nimmermüder Geldbaum, den Arme und Reiche gleichermaßen schütteln durften. Egal, ob Herbst oder Winter, nie verlor er sein Laub aus Münzblättern.

Die Geschichte des Geldes läßt sich mit einem Baum vergleichen, aus dessen Stamm drei Hauptäste wachsen. Den 4000jährigen Stamm bildeten Kaurischnecken.

Diese Muscheln wurden durchlöchert und als schmükkender Talisman gefaßt. Später waren sie das erste Geld. Aus dem Kauri-Stamm sproß ab dem siebten Jahrhundert v. Chr. der Ast der Münzen, und um das Jahr Null unserer Zeitrechnung teilte sich der Stamm in einen Ast des Silbers und einen, der Papiergeld trug.

Anders als im Abendland, wo in der Antike die Münzen auf staatliche Anordnung oder kaiserlichen Befehl geprägt wurden, konnten im Reich der Mitte um 700 v. Chr. reiche Kaufleute ihre Münzen selbst gießen. Ihr Privatgeld bestand nicht aus Gold oder Silber, sondern aus Kupfer, Eisen, Blei oder Zinn. Cash zu Zeiten von Konfuzius hieß *Käsch* und war Münzgeld mit einem runden oder quadratischen Loch in der Mitte. Das Loch war kein Nadelöhr, erfüllte aber einen ähnlichen Zweck: Man zog eine rote Seidenschnur hindurch, so wurden anfangs hundert, bei zunehmender Inflation tausend Münzen zu »Schnüren« aufgereiht. Im Jahr 1077 entglitten dem Himmelssohn die Finanzen des Reiches. Die Geldentwertung hatte die »Schnüre« länger und länger werden lassen, und die Münzen waren nur noch aus minderwertigem Metall. Chroniken belegen, daß die Staatseinkünfte jenes Jahres 5,6 Millionen »Schnüre« mit je 1000 Münzen betrugen. Einhundertzwölf Jahre später, kurz bevor die Song-Dynastie von den Mongolen gestürzt wurde, häuften sich die staatlichen Einkünfte allein aus den Seezöllen zu einem inflationären Berg von 65 Millionen solcher »Schnüre«.

Nur zaghaft wuchs von 150 v. Chr. an der Papiergeld-Ast. Als Vorläufer der Banknote gilt das »Weißhirschfell-Geld« von Kaiser Han Wu Di. Das quadratische, an den Rändern mit Stickereien eingefaßte Fellstück muß der erste Pfandbrief gewesen sein. Es wurde vom kaiserlichen Schatzmeister für 40000 Stücke *Käsch* ausgegeben. Das Fellgeld war zu beständig, deshalb wurde es bald von Papierscheinen aus der schwarzen Rinde des Maulbeerbaumes abgelöst.

Im elften Jahrhundert tauchten die ersten Bankanweisungen und Wechselscheine auf. Zweihundert Jahre später hatte *Käsch* und »Schnüre« allenfalls Sammlerwert, in Herbergen und Gasthäusern wurden nur noch Scheine angenommen. Was sich ein Handwerker da am Monatsende zusammengerollt in den extragroßen Beutel steckte, waren keine Scheine mehr, es waren Lappen: 22 Zentimeter breit und 34 Zentimeter lang. Diese mit Drachenmuster und Blumen verzierten Gemälde wurden wohl häufig gefälscht. Auf einem jener Riesen stand zu lesen: »Wer Geld fälscht oder in Verkehr bringt, wird enthauptet. Wer einen Fälscher anzeigt und den Behörden ausliefert, erhält 250 Unzen Silber sowie das Vermögen des Verbrechers.«

Anfangs, im ersten und zweiten Jahrhundert, war der Ast des Silbers bloß ein dürrer Trieb am Baum des Reichtums. Damals kam das Silbergeld von auswärts, über die Seidenstraße ins Reich der Mitte. Es sollte 800 Jahre dauern, bis der Silber-Ast so kräftig wie der Münz-Ast war. Silbermünzen füllten erst zu Beginn der Qing-Dynastie (1644–1911) die Beutel. Zuvor bezahlte man mit Hack- oder Bruchsilber sowie mit Barren, die aufgrund ihrer Form »Boot-Geld« oder »Silberschuh« hießen.

Als die Portugiesen gegen Ende des 16. Jahrhunderts in Kanton an Land gingen, imponierten sie mit schweren Silbermünzen. Auf die introvertierten Chinesen wirkten die geprägten Stücke wie Magnete, und das eigene, kaiserliche Papiergeld verlor seine Anziehungskraft. In der letzten Dynastie gehörte neben »Silberschuh« und Bruchsilber sogar das »Barbarensilber« zur nationalen Währung, denn die Silbermünzen der Westbarbaren trugen eingeschlagene Prüf- und Gütemarken chinesischer Banken oder Handelshäuser.

Der Geldbaum warf seinen Schatten auf die Menschen und prägte ihren Wortschatz. Seit Jahrhunderten heißt eine Braut mit beachtlicher Mitgift »Tausend-Goldmünzen-Fräulein«, und ein Freudenmädchen wird mit »Blumengeld« bezahlt. Regiert allerdings wurde die chinesische Welt nicht vom Geld, zumindest nicht allein. Seidenballen, Teekisten und Porzellan waren durchaus ebenbürtige Zahlungsmittel.

Geld ist nützlich, aber kann es auch praktisch sein? Gemeint sind nicht handliche Scheinchen, sondern Geldstücke, mit denen man arbeiten und bezahlen kann. Auch wenn es nur noch einige vom Grünspan angefressene Exemplare gibt, dürfen die Chinesen besonders stolz auf ihr Gerätegeld sein, denn es war das praktischste Geld der Welt. Im zweiten Jahrhundert v. Chr. konnten ein Bankett mit einer »Messermünze« und die Gartenarbeit mit einer »Spatenmünze« bezahlt werden.

Beim Einkaufen sollten Sie von den Chinesen lernen. Es ist eine Faustregel, immer genug Geld dabeizuhaben, um einen begehrten Gegenstand sofort kaufen zu können. Auch in den gutsortierten Läden kommt es vor, daß ein besonders interessantes Rollbild (auch Hängerolle genannt), schöne, schwere Seide oder ein begehrter Schnaps nach kurzer Zeit vergriffen sind. Da heißt es, nicht zaudern und die Scheine zücken, der nächste

Kunde lauert schon. In solchen Augenblicken sind auch D-Mark, Dollar, Franken und Schilling angesagt. Zum Einkauf nehmen Chinesen immer dicke Briefcouverts mit Bargeld mit. Es könnte sich ja eine einmalige Gelegenheit bieten. Junge Leute mit gutem Einkommen besitzen selbstverständlich die Kreditkarte »Great Wall« der Bank of China.

Fernseher, Kühlschränke, HiFi-Anlagen – also alles Güter, die zwischen 2000 und 6000 Yuan kosten, werden bar bezahlt und sofort nach dem Erwerb mit dem dreirädrigen Pritschenfahrrad nach Hause geschafft. Jede Familie spart hartnäckig und überlegt lange, was sie sich als nächstes anschafft. Wer ein Jahr oder länger auf einen Kühlschrank *Made in China* sparen muß, paßt höllisch auf, daß ihm kein Schrott angedreht wird. Auch wenn es eine Edelmarke ist, kontrolliert der Kunde das Produkt von vorne bis hinten. Er läßt es sich anschließen, überprüft die Scharniere der Tür, schaut, ob die Gummis richtig abdichten, rüttelt am Motor und redet hitzig auf den Verkäufer ein. Der Einkauf wird zu einer Staatsaktion. Das Fachsimpeln beginnt, das Prüfen weitet sich zu einem gesellschaftlichen Ereignis aus, fremde Kunden gesellen sich dazu und debattieren mit. Niemand drängelt oder schimpft, daß er nicht bedient wird, geschimpft wird höchstens im Chor über die Hersteller mangelhafter Erzeugnisse. Die schlechte Produktqualität ist das Sorgenkind der Wirtschaftsplaner. In vielen staatlichen Fabriken wird die Endkontrolle sehr lasch gehandhabt, so daß Güter mit unglaublichen Mängeln in die Geschäfte gelangen. Bei einfachen Porzellantassen kann es vorkommen, daß jedes dritte Stück einen Fehler in der Glasur aufweist. Von besserer Qualität sind die Produkte der

Joint Ventures. Ausländer werden zuvorkommend bedient, ihnen wagt keine Verkäuferin ein schlechtes Stück anzudrehen. Trotzdem sollten Sie den Einkauf genauestens prüfen und einfach auf der Hut zu sein.

Vielleicht wollen Sie gerade nicht das Feinste vom Feinen, vielleicht ziehen Sie das Bad in der Menge dem Einkauf in der klimatisierten Shopping-Plaza vor. Sehr vernünftig, nur so wächst das Gespür für Land und Leute.

Das alltägliche Einkaufsmotto der Chinesen heißt »Nur mal gucken«. Eine lässige Einstellung, die überhaupt nicht zum Getöse in den Läden und Kaufhäusern paßt. Nur auf den ersten Blick wirkt das Menschenmeer aufgewühlt, der einzelne ist viel ruhiger, als die Masse wirkt. Natürlich, wo Drehtüren und Eingänge zu Schleusen werden, entsteht schon mal panikartiges Gedränge, kreischt eine Alte, und ein Kind fängt an zu weinen. Läßt man sich treiben und stemmt sich nicht innerlich gegen die Schultern, Arme und Köpfe in nächster Nähe, dann fällt das Abstrakte an der Zahl 1,2 Milliarden wie eine Hülse ab.

Uns bereiten Menschenpulks Unbehagen, Chinesen haben gelernt auf Tuchfühlung zu leben, zu lieben und zu sterben. Das Kollektive bevölkert ihr Hirn, wie das Individuelle unser Gehirn ausfüllt. Die Masse hat die Menschen gegenüber ihren Artgenossen gleichgültig werden lassen. Ist einer tot, dann is(ß)t einer weniger. Die Menschen sind Chinas größter Reichtum, aber zugleich seine größte Last.

Im Jahr 1953 bevölkerten (nur!) 583 Millionen Menschen das 9,56 Millionen Quadratkilometer große Land. Trotz Geburtenkontrolle werden jährlich 16 bis 17 Millionen Babys geboren. Heute sind 60 Prozent der Bevölkerung unter zwanzig Jahre alt. Auch diese statistische Angabe verliert im dichten Gedränge alles Abstrakte.

Schweigend stehen junge Männer oft Stunden vor einem japanischen HiFi-Turm oder beäugen ein Videodeck mit wahrer Sehnsucht. Die importierten Geräte sind mit beachtlichen Yuan-Preisen ausgezeichnet, denn der Staat kassiert hohe Importsteuern. Wer Beziehungen hat, kauft in Spezialgeschäften, wo japanische, deutsche und amerikanische Geräte gegen Devisen zu günstigeren Preisen abgegeben werden. Die Spezialläden sind eingerichtet worden, damit die aus dem Ausland heimkehrenden Chinesen den Laderaum der Flugzeuge nicht über Gebühr beanspruchen. Diese Einrichtungen sind der Öffentlichkeit bekannt.

Anders sieht es mit den Geschäften »unter« der Theke aus, dem Durch-die-Hintertür-Gehen, *zou houmen*. Das ist offiziell verboten, doch eine so verbreitete Unsitte, daß die Staatsorgane machtlos sind. Die Hintertür ist keine sozialistische Errungenschaft, durch sie gelangten bereits im Feudalismus viele zu Ämtern, Würden und Gütern. Im Sozialismus wurde sie weiterentwickelt, sie ist heute eine populäre Einrichtung gegen Bürokratismus und Beamtenwillkür. Natürlich bedeutet *zou hou men* auch Korruption. Was ist es sonst, wenn die besten und begehrtesten Waren erst gar nicht in die Regale gelangen, sondern von den Verkäuferinnen privat verkauft werden, um sich eine bessere Ausgangsposition für eine größere Wohnung zu verschaffen oder um schneller einen Kindergartenplatz zu erhalten? Ohne Mangel an preiswerten Waren und ohne Bürokratismus wäre die Hintertür verschlossen.

Wir haben das Wer, das Wie und das Wo abgehandelt, bleibt nur noch das Was. Wer die Faustregel, immer genug Geld dabeizuhaben, beachtet, kann Ausgefallenes im Kaufhaus, im Spezialgeschäft, im Laden einer Kooperative oder auf dem freien Bauernmarkt aufstöbern. Im Freundschaftsladen findet der Kunde Kunstgewerbe und Textilien schon vorsortiert, von beruhigender Qualität, aber langweilig im Geschmack. Die Qualität der chinesischen Produkte wird hier extra kontrolliert. Das bedeutet, daß viele Kleinbetriebe ihre unbeholfen angefertigten, aber originellen Produkte niemals an solch einen Laden verkaufen können. Bleibt noch der Tip: Es bieten sich immer Preisvergleiche an, und auch das Handeln sollte man probieren.

Je mehr Touristen kommen, desto stromlinienförmiger werden die Auslagen der Geschäfte. Wonach fragen der Mister oder die bejahrte und betuchte Miss? Vielleicht nach einem nett getuschten Rollbild mit dezenter Kalligraphie oder nach einer romantisch durchbrochenen Seidenbluse, oder gar einem protzigen Specksteinlöwen. Wenn morgen der Kaiserpalast in Gips oder die Große Mauer als Krawattenmotiv gefragt sind, dann wird diese Marktlücke schleunigst geschlossen.

Der Prototyp des China-Touristen ist ...? Nein, kein Deutscher, es ist ein Amerikaner aus Florida oder L. A. Statt zu fragen hat er immer seine Kamera schußbereit, statt zu kritisieren ruft er: »Great!« Und an diesem Artgenossen werden alle Ausländer gemessen. Noch immer mangelt es den Chinesen am Gespür, was zartbesaitete »Barbaren« wollen. Wer kann ihnen das verübeln? Jährlich zur Sommerzeit bricht der Touristenrummel über das Land herein wie ein Gewitter.

Seit Chinas Öffnung tauchten immer mehr Produkte *Made in China* in unseren Kaufhäusern, Supermärkten und Boutiquen auf. Die meisten dieser chinesischen Produkte sind besser, schöner und billiger als im Herkunftsland. In Hongkong findet man die besten Exportwaren, denn bei seinen assoziierten Landsleuten muß das »Mutterland« gut Wetter machen.

Bei Antiquitäten sind Fälschungen sehr verbreitet. Sind die alten Stücke allerdings mit einem (hoffentlich echten) Lacksiegel versehen, dann werden von der Regierung die Echtheit und das angegebene Alter garantiert.

Kommt man in ein so exotisches Land, ist die Verlokkung für jeden Konsummenschen groß, sich gleich zu Beginn in einer Kauforgie zu ergehen. Das ist unklug, zudem in chinesischen Augen typisch für eine »Langnase«. Seinen Einkauf sollte jeder Reisende als eine Lektion in Landeskunde begreifen. Gerade die kleinen, weniger kitschigen Kunstgegenstände, die winzige Schildkröte aus Türkis, der Fächer aus Rosenholz, das bemalte Väschen, die Steinabreibung sind Stücke, in denen die chinesische Zivilisation lebt.

Sowjetklassik oder US-Gigantomanie?

Was ist Ihnen lieber, muffelnde sowjetische Klassik oder nach Epoxidharz duftende US-Gigantomanie? Ach richtig, Sie können gar nicht wählen, das Hotel ist längst gebucht.

Die russischen »Senioren« sind nicht älter als fünfzig, wirken aber wie neunzig, auch wenn ihre Foyers in geschliffenem Marmorglanz erstrahlen. Die klassizistischen Kästen stammen aus den Jahren der brüderlichen Hilfe, als Moskau seine Architektur des sozialistischen Realismus und das erste Know-how für Naßzellen und Heizkörper ins bäuerliche Entwicklungsland exportierte. In den fünfziger Jahren zogen Tausende chinesischer Baukolonnen in Jahresfrist Gebäude hoch wie das Friendship oder die Große Halle des Volkes am Tiananmen-Platz. Russen setzten der sowjetischen Architektur der Stalin-Ära in jeder Großstadt von der vietnamesischen bis zur sowjetischen Grenze ein Denkmal.

Bereits damals, als es noch Hungersnöte und Menschenhandel in China gab, wurde im Supermachtstil geklotzt, die Überlegenheit des Sozialismus sollte aus jedem Fenster schauen. In Granit wurde solide und für die Zukunft gebaut, auch Zugeständnisse an die klassische chinesische Architektur der geschwungenen Glasurziegeldächer wurden gemacht. Um heute die Sowjetklassik aufzuspüren, muß der Reisende suchen. Die Fassaden der »Senioren« sind neu gestaltet, es glühen bunte Lämpchen vor dem Portal, und drinnen werfen Kristallüster matten Glanz auf stets gefegte Marmorflure. Die sowjetische Aufbauhilfe existiert zurückgezogen, im lackierten Holzpaneel, in tropfenden, quietschenden, ratternden Leitungsrohren oder in der ewig rinnenden Klospülung. Als Wiedergutmachung bieten Minibars, TV-Sets, weichgelegene Matratzen und säuselnde Klimaanlagen ihre Dienste an.

Noch vor einem Jahrzehnt überragte die Sowjetklassik die ummauerten Wohnhöfe, die *hutong*, um Stockwerke. Heute sind die Hotels der ersten sozialistischen Stunde von artverwandten Mietsblöcken und Betonkästen eingekreist. Viele der Hotels mit ihren skurrilen Kuppeldächern und Turmaufbauten, einst als Residenz für sowjetische Ingenieure und Berater geplant, dienen mittlerweile als zweitklassige Touristenhotels.

Als Chruschtschow an die Macht kam, zog Moskau seine Intelligenzija aus China ab, und die klassischen Luxusherbergen verwaisten. Während der Kulturrevolution (1966–76) standen viele leer, dienten als Versammlungsstätten oder als Unterkünfte für hohe Militärs. In den siebziger Jahren rückten Putzkolonnen der Patina zu Leibe. Die Betten wurden aufgeschüttelt, die Vorhänge gewaschen, und fertig war das Ausländerhotel.

Seit der Öffnungspolitik, die 1979 begann, renoviert die Touristik ihre »Senioren«. Wer Glück (oder Pech) hat, findet auf seinem Doppelzimmer noch schweres Einheitsmobiliar, wülstige Heizkörper, ächzendes Parkett und viktorianische Badezimmer mit pickligen Spiegeln. Die ballsaalgroßen Zimmer sind hoch und herrschaftlich, die Vorhänge gleichen Schleppen. Ist das Doppelbett noch warm? Hat es geraschelt, als Sie das Licht anknipsten? Hat der Boy die Hand dezent zum Trinkgeld ausgestreckt?

Natürlich ist das Bett frisch überzogen, auch saubere Handtücher werden soeben hereingetragen. Das Personal kann inzwischen tatsächlich zaubern, denn erst vor einer Stunde marschierten zehn japanische Reisegruppen hinter ihren Fähnchen schwenkenden Führern durch das Portal. Nicht beim Einzug hat es geraschelt, aber in der Nacht. Dann wollten entweder niedliche Mäuschen oder schüchterne Kakerlaken (*cockroaches*) Sie besuchen. Beide Gattungen sind harmlos und lichtscheu, doch weit verbreitet.

Die Thermoskanne mit dem abgekochten (!) Wasser, *kaishui*, das Döschen mit dem Tee, das hoteleigene Schreibpapier und die Schonbezüge über den Sesseln müßten eigentlich über den ersten Schock hinweghelfen. Wenn das nicht hilft, dann wahrscheinlich ein Griff in die Minibar.

Dezent wird Trinkgeld akzeptiert. Wie so oft, wird alles hemdsärmeliger, je weiter entfernt die Hauptstadt ist. Wenn nicht gerade eine Parteikampagne gegen Korruption und Bestechung im Gange ist, dann steckt die Hand des Flurkellners gern ein Trinkgeld weg.

Die »Senioren« haben mehr zu bieten als eine gut sortierte Minibar, zumindest einen Bankschalter (geöffnet von 9 bis 12 Uhr und von 14 bis 17 Uhr), wo jeder Hotelgast Devisen wechseln kann und einen Shop mit internationalen Zeitungen, Filmen, englischsprachiger Reiseliteratur, Postkarten, Lebensmitteln, Zigaretten und Souvenirs. Die größeren beherbergen einen Coffeeshop, einen Postschalter (geöffnet von 8 bis 18 Uhr), einen Friseur, einen Fitness-Raum, einen Billardraum, jede Menge Flipper, ein Business-Center mit Fax und Schreibdienst und mehrere Restaurants. An der Rezeption drängt sich junges, englischsprechendes Personal, das auf Helfen trainiert ist. Selbst auf einen Krankheitsfall ist es vorbereitet.

Um das Personal mit lästigen Fragen zu verschonen, einige Hinweise: Im ganzen Land ist die Stromspannung 220 Volt; in jedem Hotel gibt es einen 24-Stunden-Wäscheservice; von Ihrem Hotelzimmer aus können Sie nicht nur innerhalb der Stadt und des Landes, sondern auch ins Ausland telefonieren; jedes Hotel stellt täglich frische Handtücher zur Verfügung; der Eingang ist 24 Stunden geöffnet; Zimmerservice kostet extra; zur Rezeption gehört eine Gepäckaufbewahrung und ein Taxiservice, wo Wagen auch vorbestellt werden können; der Speisesaal ist nur zu festgelegten Zeiten geöffnet; Einzelzimmer sind gegen Aufpreis zu haben. Der Gast erhält täglich kostenlos die neueste Ausgabe der englischsprachigen Zeitung *China Daily*, die auch internationale Meldungen, einen Veranstaltungskalender und das Fernsehprogramm des Tages bringt.

Die »Junioren« sind nicht älter als zehn Jahre. Die größten und glitzerndsten riechen noch frisch und tragen große Namen wie Hilton, Holiday Inn, Sheraton, Shangri-La und Kempinski. Diese fünfsternigen Bettenburgen (das Shangri-La China World Hotel in Peking hat 1007 Betten) aus Glas und Stahlbeton entsprechen der US-Gigantomanie moderner Zeiten. Vielleicht sind sie die Vorboten eines neuen Weltkommunismus, denn sie sind überall gleich, egal, ob im sozialistischen Osten oder im kapitalistischen Westen. Doch vermutlich sind sie nur die Ausgeburt der Industrialisierung, der sich kein politisches System verschließen kann. Die »Junioren« aus Glas, Aluminium und Beton könnten genausogut in Grönland oder in Timbuktu stehen, denn sie wurden im Auftrag international agierender Hotelketten von international planenden Architekten entworfen. Die chinesische Beratung mußte sich mit dem Entwurf eines Bonsai-Gärtchens in der Lounge oder der Gestaltung eines Lustgärtchens im Suzhou-Stil begnügen. Und trotzdem ist die Regierung sehr zufrieden, denn diese amerikanisch-chinesischen Luxusherbergen bringen Devisen. Ein Doppelzimmer kostet ab 200 Dollar aufwärts plus eine kleine Touristensteuer.

Für viel Geld wird auch allerhand geboten: internationale und chinesische Gourmet-Küche in mindestens vier Restaurants, Cocktails und Shows in plüschigen Bars, geräumige Doppelzimmer, 30 TV-Kanäle, drei Telefone, TV-Video-Musik-Anlage, großes Badezimmer, Swimming-Pool, Boutiquen, Sportcenter, Business-Center mit Internet-Zugang. Wer hier nach Dienstleistung fragt, erhält die supercoole Antwort: Wir verfügen über alle *facilities*.

Im Hotelgewerbe präsentiert China, wie weltmännisch und luxuriös es in »seinem Sozialismus« zugehen kann. So schließt sich der Kreis: im Schatten der Luxuskästen à la Dallas werden die Klassiker sowjetischer Machart geduldet, auch sie bringen Devisen.

Am Fuß der oft dreißigstöckigen Hotels scheinen sich die verwahrlosten *hutong* vor Angst, daß auch sie bald einem futuristischen Wolkenkratzer weichen müssen, ganz klein zu machen. Saniert wird auf dem Stadtplaneten, vor allem in Shanghai, an allen Ecken und Enden, und zwar radikal nach rein kommerziellen Aspekten.

Glatt und perfekt wie ihre Fassade ist auch der Service in den Hallen der Gigantomanie. Boys in schwarzem Smoking mit Fliege und junge Damen im traditionellen, seitlich geschlitzten *qipao* bedienen beflissen, lautlos und flink. Hier ist die Cola kalt und der brasilianische Kaffee heiß. Was für eine Wohltat im Vergleich zu der gelangweilten, schnippischen Bedienung in vielen der alten Hotels. Der Stachel im Fleisch der Mannschaft heißt Geld und durchgestyltes Hongkonger Management. Was soll an der Leistung kapitalistisch sein? fragen die Parteibonzen und gehen lässig im Palace in Peking oder im White Swan in Kanton aus und ein.

Immer wieder ist zu beobachten, wie dürftig gekleidete Chinesen im Schlepptau aufgedonnerter chinesischer Damen und Herren über den roten Läufer huschen. Aha, der reiche Onkel aus Hongkong gibt sich die Ehre. An der Seite von Auslandschinesen wirken Festländer stets befangen, schlecht gekleidet und unbeholfen, als seien sie Menschen zweiter Klasse. Das sozialistische System oder, besser, die Windungen und Wendungen des Systems haben ihnen das Rückgrat gebeugt. Bis zur Selbstverleugnung wurde ihnen der Puritanismus eingetrichtert, sie mußten sich »ordentliche« Flicken auf die Kleider nähen, um ja proletarisch, aber keinesfalls lumpenproletarisch zu wirken. Und plötzlich, über Nacht, war dies alles ein schlechter Witz, ein finsteres Kapitel? Vergessen, nur endlich vergessen! heißt die Volksparole, also wird mächtig verdrängt. Jetzt heißt es nachholen, aber schnell. Und unser Festländer ruft »Alles klar« und greift mit der einen Hand zum Cognac-Glas und mit der anderen zur Marlboro! Als wäre der Sozialismus schon tausend Jahre tot, trinkt er heute auf den Siegeszug des *American way of life*. Die Foyers der Giganten sind Teststrecken für Festlandchinesen, die es ins Ausland zieht. In den Bars mit dem Mann am Klavier ergehen sich abends Sehnsüchtige, deren abtrünnige Gedanken kein Ausreisevisum brauchen. Doch im Las-Vegas-Ambiente nimmt nur Platz, wer Dollars in der Tasche hat.

Die elegante Lässigkeit im teuersten Entree verflüchtigt sich augenblicklich, wenn ein entnervter Dolmetscher mit seiner erschöpften Reisegruppe die Rezeption belagert. Ihr Problem ist das Problem Tausender Touristen und Organisatoren. Mit der Zimmerreservierung hat es wieder mal nicht geklappt: überbucht, das schöne, große Hotel.

Der Empfang telefoniert und, typisch chinesisch, improvisiert. So heißt es bald: Zurück in den Bus, wir kommen woanders unter, im schlimmsten Fall in einem »Senioren«. Wären nicht Dolmetscher, Hoteliers, Manager, Busfahrer und Reiseleiter(innen) Weltmeister im Improvisieren, die chinesische Touristik wäre längt kollabiert, und die nationale Touristikorganisation *Lüxingshe* wäre ein Sanatorium.

Abseits von Klassizismus und Gigantomanie verstekken sich Herbergen und Pensionen, Schlafsäle und Privatunterkünfte. Im Reiseführer »Lonely Planet«, der Bibel der Traveller-Gemeinde, findet sich eine ausführliche Liste mit Adressen über saubere Unterkünfte, wo auch chinesische Touristen übernachten. In zwei Punkten sind diese Häuser den »Junioren« und »Senioren« haushoch überlegen: Sie sind die Hotels des kleinen Mannes, also billig, und sie sind Fundgruben für Sprachkundige, die es zum Volk hinzieht. Rucksacktouristen breiten hier ihre Schlafsäcke aus und versuchen mit den chinesischen Sitten zurechtzukommen: früh ins Bett, sehr früh raus, kräftig spucken und zu dritt, viert nebeneinander die offenen Toiletten benutzen.

Wer billig und billigst reist, erweckt Mißtrauen bei der Bevölkerung, weil für sie (noch immer) jeder Ausländer reich ist, und bei der Regierung, weil sie weiß, daß sich Rucksacktouristen nur sehr schwer melken lassen.

Die Herberge mit Ställen für die Packesel und die Reitpferde, mit Badehaus, wehrhaftem Mauerwerk und einer Weinschenke hat Tradition seit Tausenden von Jahren. Dichter und Maler huldigen ihr, sie war lebenswichtig, sie war die Oase am Rand der Wüste, des Dschungels, an einer Furt, am Fuß des Berges. Die Herberge wurde in der Geschichte zum Außenposten der chinesischen Zivilisation, zum Unterschlupf für eine kleine Schicht, weil die chinesische Gesellschaft nie eine mobile war. Der Bauer ist seit 5000 v. Chr. seßhaft und lebt als Sohn der Erde auf der Scholle seiner Ahnen. Reisen war ein Privileg der Mönche, der Gelehrten und Beamten. Das Herbergswesen hat Tradition, das Hotelwesen keine. Niemand will sich das eingestehen, schon gar nicht die Chinesen. Die muffelnden sowjetischen »Senioren« und die überzüchteten »Junioren« sind willkürlich aus dem Boden gestampfte Luxusherbergen einer devisensüchtigen Konsumgesellschaft, aber keine Oasen einer immobilen, zivilisierten Welt.

»Weich schlafen« oder hart sitzen?

Wenn Verkehr und Verkehrsmittel auch nicht alles über ein Land aussagen, so eignen sie sich doch als Visitenkarte. Eine solche Karte liefert eine erste, grobe Orientierung, für das spätere Erinnern ist sie eine Stütze. Wie, wann und womit die Menschen sich fortbewegen, sagt viel über ihre Gewohnheiten, ihren Lebensstandard und ihr soziales Verhalten aus. Wir Deutschen sind motorisierte Raser, Perfektionisten, wir schwimmen im Wohlstand und sind recht ruppig zu jedem Gemächlichen, egal, ob er ein vaterländisches oder ausländisches Nummernschild spazierenfährt. Unsere Visitenkarte ist die Autobahn.

Chinas Visitenkarte ist weniger glatt, weniger genormt. Zwar breitet sich der Asphalt mächtig, aber eher wellig als gradlinig aus. Straßen, einst Nervenstränge der Städte, durchschneiden das Land in immer größerer Zahl. Der ersten Autobahn zwischen Kanton und Hongkong, zwischen Peking und Tianjin folgen jährlich neue. Das Auto fordert seinen Tribut, auf Gummi will es rollen, leicht und weit. Nun verlangen 100 Millionen prognostizierte Autos ein ausgedehntes Straßennetz. Auf der chinesischen Visitenkarte wird in Zukunft das bunte Konterfei aus Auto, Bus, Fahrrad, Eselkarren, Ochsengespann, Zug und Flieger im Abgasnebel verschwinden.

Wer längere Strecken reist, der fliegt am besten oder fährt mit der Bahn. China ist ein Entwicklungsland, die Infrastruktur beweist es stets aufs neue. Die Weite des Raums machen das Flugzeug zu einem Volksvehikel und die Bahn zum Verkehrsmittel Nummer eins.

Die Infrastruktur zerfällt in eine gewaltige, weite Fläche und viele kleine Räume: die urbanen Zentren. In diesen überschaubaren Räumen dominieren das Fahrrad und das Auto. Auf dem Stadtplaneten sind es Taxis verschiedener Preiskategorien und Busse, in Peking, Shanghai, Kanton auch die U-Bahn.

Um von Provinz zu Provinz zu reisen, bietet sich das Flugzeug an. Nicht nur Parteikader und wohlhabende Großstädter gehen in die Luft, sondern auch Bauern. Sie tun dies nie mit den erlaubten fünf Kilo Handgepäck, ihre Kartons und Taschen sehen eher nach fünfzig Kilo aus. So kann eine brechend volle Boeing auf ihrem Flug von Chengdu nach Xi'an schon mal bauchlastig sein. Damit bei Start und Landung niemand spuckt, werden Bonbons und Kaugummis verteilt. Angenehm und erfreulich sind die heißen Erfrischungstücher und das Lächeln der lieblichen Stewardessen. Eine herbe Enttäuschung sind die Lunch-Pakete oder der Snack mit Messerchen und Gäbelchen. Zum Trost werden kleine Geschenke wie Adreßbüchlein, Fächer, Buchzeichen, Koffergurt, Zahnbürsten und vieles mehr gereicht. Im Inland fliegen Gesellschaften wie Southern, Eastern, Southwest, die nach den Himmelsrichtungen getauft sind, die sie unter sich aufgeteilt haben. So beherrscht Southwest den Himmel über Tibet bis hinüber nach Nepal. Diese Gesellschaften sind alle aus der ehemaligen paramilitärischen Civil Aviation Administration of China

(CAAC) hervorgegangen. Aus CAAC wurde Air China; nicht zu verwechseln mit China Airlines aus Taiwan. Mit immer mehr westlichem und immer weniger sowjetischem Fluggerät können Sie auf rund 600 Inlandsrouten zwischen knapp hundert Städten und Regionen fliegen. Ausländer zahlen einen speziellen, aber zivilen Tarif, um neben Chinesen in einer extrem engen Economy-Class zu sitzen. Die Luftfahrt ist im Aufwind, auch internationale Gesellschaften fliegen Städte wie Peking, Shanghai, Kunming, Guilin und Kanton an. Von allen großen Flughäfen Europas gehen Maschinen auf die Reise, neun Stunden dauert der Non-stop-Flug Frankfurt-Peking (über Moskau).

Wer aus Berlin mit dem Zug anreist, muß sich 9050 Kilometer lang gedulden, bis die Waggons der Transsib auf das chinesische Gleisformat (DIN-Norm!) umgesetzt werden, und die freundlichen Genossen die mürrischen Schaffner ablösen. Jeder, der es sich im Düsenzeitalter leisten kann, sich im Schneckentempo an den asiatischen Großraum heranzutasten, ist zu beneiden, zumal er inzwischen auch die Seidenstraße mit dem Zug abfahren kann. Von Teheran verläuft die neue Route via Turkmenistan, Meschhed, Samarkand und Buchara nach Westchina. Diese Route über Ürümqi und Peking führt allein 4100 Kilometer durch die Wüsten, Lößberge und Wälder Nordchinas.

Mit der Eisenbahn läßt sich der Raum konkret durchmessen: Peking-Shanghai 1462 Kilometer, Harbin-Kanton 2313 Kilometer, Kunming-Qingdao 3512 Kilometer, Xi'an-Peking 1165 Kilometer. China ist das Land der großen Zahlen, knapp 60000 Kilometer mißt das Gleisband. Das imponierend lange Band hat einen großen Nachteil:

Es ist bis auf die Hauptstrecken von rund 15000 Kilometern nur eingleisig befahrbar und nicht elektrifiziert.

Eine chinesische Zugfahrt kennt viele Haltestationen, sie lehrt einen den Umgang mit Raum und Zeit. Das Land zieht am Fenster vorbei und scheint doch zu stehen, Stunden um Stunden wogende Weizenfelder, Wälder und von Trippelpfaden eingefaßte Reisterrassen, Menschen, Vieh, LKW und Karren sind willkommene Abwechslung in diesem Landschaftspanorama. Baustellen mit Kippen von rotgebrannten Ziegeln fliegen vorbei, als wären sie ebenfalls unterwegs. Die lindgrüne Diesellok pfeift schrill – wieder ein unbeschrankter Bahnübergang, wieder ein äsender Büffel am Bahndamm. Sie drosselt ihr Tempo, wenn sie sich einem Bahnhof nähert; dort eingefahren, bleibt sie lange stehen, als gäbe es keinen Fahrplan. Tatsächlich gibt es sogar zwei Fahrpläne, einen für den Sommer und einen für den Winter. Beide sind ausgeklügelt, ermöglichen das Umsteigen und werden auch präzise eingehalten.

Die Züge haben alle Überlänge, deshalb sind bei bergigen Strecken stets zwei Lokomotiven vorgespannt. Orient-Expreß und China-Expreß könnten Brüder sein, ihr Inneres ist verwandt. Die weichen Teppiche, die kitschigen Lämpchen auf dem Abteiltisch, die abklappbaren Etagenbetten aus Plüsch und die Spitzenvorhänge, alles ist einander so ähnlich. Exklusiv sind im China-Expreß nur die Thermoskannen und die bauchigen Deckeltassen. Der strammgezogene Läufer auf dem Flur, das Holz- oder Resopalfurnier und die Uniformen des Personals zeugen von besseren Tagen. Der museale Luxus in der Klasse *ruanwoche* (weich schlafen) entzückt jeden designmüden Westler.

Auf langen Strecken reisen Touristengruppen immer in Vierer-Abteilen der Ersten Klasse, die offiziell »weich schlafen« heißt. Einzelreisende sollten Tickets für die Softsleeper-Abteile am speziellen Bahnhofschalter oder im Hotel kaufen – so früh wie möglich!

Das fahrende Volk tummelt sich in den offenen Abteilen mit drei Etagenbetten übereinander *yingwoche* (hart schlafen) und *yingzuoche* (hart sitzen). Das Schlußlicht bildet die Klasse »hart sitzen«. Auf und zwischen den Sitzbänken herrscht ein Trubel wie auf dem Bauernmarkt. Viele Passagiere sind mit Jochstange und großen Hängekörben zum Markt in der nächsten Stadt unterwegs. Kinder werden gestillt, Männer spielen Karten, es riecht nach Schnaps und Knoblauch. In einem fort wird gegessen. Der Müll fällt zu Boden oder fliegt aus dem Fenster. Im Billigabteil sind die Plätze numeriert, aber oft klettern zusätzliche Gäste durch die offenen Fenster und quetschen sich zwischen die Freunde oder lagern auf ihren Bündeln im Durchgang. Ausländern ist es erlaubt, auf dem Schoß der Händler und Bauern mitzufahren, aber bitte mit Platzkarte.

Jedem Touristen ist es unbenommen, den Zug bis zum bitteren Ende zu erkunden. Dieser Weg ist voller Fußangeln. Da kann es einen Schaffner geben, der behauptet, hinter dem Speisewagen sei bereits Schluß, *meiyou banfa*. Da häufen sich unendlich sperrige Taschen und Bierkartons in den Durchgängen. Da starren einen Hunderte von Augenpaaren neugierig bis forschend an.

Nicht alle Stationen sind Bahnhöfe, denn Bahnhöfe sind Institutionen mit soliden Steigen, gigantischen Wartehallen, Absperrgittern, einer Flucht von Kartenschaltern und herrischen Megaphon-Anweiserinnen. Den

Traveller hat nur der Schalter für die speziellen Ausländer-Billets zu interessieren. Was sonst so alles in einem Bahnhof passiert, vom Diebstahl bis zur Geburt eines Babys, geht ihn nichts an, so denken die Behörden.

Bahnhöfe sind Schauplätze, sind Drehscheiben zwischen den ländlichen und den urbanen Zentren. Hier vermischt sich das Volk, hier verliert der einzelne seine Konturen. Ein Blick auf die Berge von Taschen, Kisten und Tragekörbe, und jeder denkt an Flucht, an das Zusammenraffen aller Habe. Weit gefehlt, die Bauern und Händler weilten zum Großeinkauf in der Stadt. Doch wie soll man sich das Mitführen von Kochtöpfen, Bettdecken, nagelneuen Kartons mit elektronischem Inhalt und überquellenden Plastiknetzen erklären?

Die Händlerkarawanen reisen nie mit leeren Händen in die Stadt. An ihren Jochstangen hängen Leinensäcke mit Reis, mit Erdnüssen, Bananen, Äpfeln, Ingwer oder Sojabohnen. Alles wird an Zwischenhändler gleich hinter dem Bahnhof verkauft. Nun haben sie Platz für den Einkauf. Da Bahnkarten nur sehr schwer zu haben sind, nimmt eine Familie die Bestellungen der Nachbarn oder des ganzen Dorfes an. Was an Flucht erinnert, ist das Resultat einer großangelegten Einkaufsfahrt. Die fahrenden Gesellen kaufen und verkaufen bereits im Zug. Keiner versteht wie sie, das Preisgefälle im Land so zu seinen Gunsten auszunutzen.

In den Sommernächten verwandeln sich die Bahnhofsvorplätze in Nachtlager. Unter die Umsteiger mischen sich die Aussteiger, unter die sittsamen Bürger die Hehler und Huren. Patrouillierende Volkspolizisten rütteln an jedem Schlafenden, als sei die Erquickung ein Verbrechen. Die wahren Kriminellen lachen sich ins

Fäustchen, sie treiben ihr Unwesen in Banden und warnen sich über Handy.

Tagsüber werden die Menschen über Lautsprecher in Schach gehalten: »Seid rücksichtsvoll, wartet in der Schlange, jeder bekommt seine Fahrkarte.« Fragt sich nur, wann? Heute auf keinen Fall mehr. Oder doch? Auf dem Schwarzmarkt für den dreifachen Preis! Irgendwann verliert auch das Kartenspiel seinen Reiz, irgendwann hat jeder das Futter von den Garküchen satt, irgendwann fängt es zu regnen an, und die Einkäufe werden naß. Wer länger als drei Tage wartet, vertreibt sich die Zeit mit Bauchladengeschäften. Nähgarn, Kämme, Filme, Scheren, Schlüsselhalter, Schuhcremes, Zahnbürsten – alles für Pfennigbeträge – werden auf Taschentüchern oder der Parteizeitung am Boden feilgeboten.

Leere Bahnhöfe sind wie leere Kirchen, erst die Menschen hauchen ihnen Leben ein. In China sind sie keine Orte des Durchgangs, sie zwingen zum Verweilen, zum Rasten.

Der Fremde, reist er in der Gruppe, ordnet seinen Tritt nach dem schnellen Schritt des Dolmetschers. Er überquert den belagerten Vorplatz, durchschreitet die abgelegene Sperre, durchpflügt das Menschenmeer, eilt an Kauernden, Hockenden vorbei, verschwindet unter den Augen der Wartenden wie ein Spuk. Sein Gepäck wird selbstverständlich nachgereicht. Da es vice versa nicht anders zugeht, glaubt das wartende Volk schon bald, daß Ausländer Götter aus einer anderen Welt sein müssen.

Doch nur ein Teil der Wartenden reagiert servil bis ehrfurchtsvoll; die einen machen sich über die Hektik lustig, die anderen schimpfen über die maßlose Bevorzugung. Alle sind sich darin einig, daß Ausländer viel, viel Geld besitzen müssen. Und dieses Urteil können auch die Rucksacktouristen nicht umstoßen. Ihre Erscheinung erinnert die Chinesen zu offenkundig an ihr eigenes Dasein, das regt nicht zum Träumen und Schwelgen an. Rucksacktouristen sind ihre (privilegierten) Konkurrenten in der Klasse »hart schlafen« oder »hart sitzen«, in den Schlafsälen der Herbergen und an den Garküchen. Darum wird oft ruppig mit den Budget-Touristen umgesprungen.

Die Bahnhöfe teilen ihr Schicksal mit den Busbahnhöfen, auch diese sind Drehscheiben und wirken wie Fluchtburgen. Sie entwickeln sich zu Sprungbrettern zwischen den kleinen, abgezirkelten, urbanen Räumen und der großen Weite. Private Überlandbusse verkehren über weite Strecken, am Tage und in der Nacht. Die Überlandbusse konkurrieren erfolgreich mit der Bahn, sie sind schneller und flexibler. Eine Busfahrt kann auch mühsam werden, denn die privaten Unternehmen (meist ehemalige Bauern) nehmen jeden mit, der am Wegrain steht und winkt – samt seiner Habe, Schweinen, Hühnern, der Jochstange mit den beiden Hängekörben. Besonderes Geschick und Schnelligkeit erfordert das Umsteigen von einem Bus zum anderen oder vom Zug in den Bus. Nur wer weiß, daß der Platz nie ausreicht, hat eine Chance mitzukommen: Er stellt sich besonders früh in die Warteschlange. Auf kurzen Strecken verkehren überall Minibusse, die allerdings erst losfahren, wenn alle Sitze, auch alle Behelfssitze, besetzt sind.

Die öffentlichen Stadtbusse verkehren regelmäßig, sind größer und weniger ramponiert. An den Haltestellen regiert der Ellbogen, und wer im Getümmel Rücksicht nimmt, zieht den kürzeren. Ein voller Nahverkehrsbus bei uns ist für chinesische Verhältnisse leer!

Die chinesische Visitenkarte müßte eigentlich ein Taxifahrer zieren. Taxifahren, allein oder mit anderen, ist nahezu so populär wie Fahrradfahren. Der Ausländer, Günstling des Wechselkurses, kann selbst große und größte Strecken mit dem Taxi zurücklegen. Ein Taxi kann man für mehrere Tage und für Fahrten in alle Himmelsrichtungen mieten. Überall auf dem Globus ist die Taxiwelt eine eigene Welt, so auch in China. Die Chauffeure waren schon immer mächtig. In einem Land, wo es bis vor zwanzig Jahren weder Telefon- noch Adreßbücher gab, wo vieles ganz selbstverständlich als *neibu* (vertraulich) gilt, sind die Taxifahrer und die wenigen -fahrerinnen quasi Geheimnisträger. Sie wissen, wo es die besten Waren gibt, wo über Nacht ein begehrtes Produkt aufgetaucht ist, wo »Blumenmädchen« anzutreffen sind, wo ein berühmter Parteifunktionär seine geheimgehaltene Wohnung hat und vieles mehr. Da sich der Überlandverkehr oftmals staut, kennen sie auch die Abkürzung über die Felder.

Taxis können auch auf der Straße durch Handzeichen angehalten werden. Es ist weder unhöflich noch allzu teuer, einen Wagen warten zu lassen. In Städten wie Peking, Shanghai und Kanton gibt es mittlerweile eher zuviel als zuwenig Taxis.

Keine Geldschneiderei und kein Rempeln – Radfahren macht ungebunden. Sie können sich Ihren Launen hingeben, vorausgesetzt, Sie fahren nicht gegen den Strom. Der Ausländer, der im Schwarm Zehntausender Radfahrer dahinflutet, kann für Minuten, vielleicht auch für Stunden seine Identität als Fremder vergessen. Der elastische Rhythmus dieser einen einheitlichen Bewegung erfüllt die Atmosphäre, ihm kann keiner entkommen. Der Fremde hat nicht mehr das Gefühl, angegafft und abgeschätzt zu werden, er wundert sich plötzlich über soviel Gleichgültigkeit ringsum.

In allen Großstädten gibt es Fahrräder zu mieten. Jedem ist es freigestellt, ein neues Rad zu kaufen und später per Schiff (drei Monate) oder Bahn (fünf Wochen) nach Hause zu senden oder das gebrauchte Vehikel an Chinesen weiterzuverkaufen.

Auf den Besucher aus dem Land der Autobahnen wirkt Chinas Visitenkarte wie das Abbild eines kunterbunten Staus. Natürlich fließt der Verkehr den Nervensträngen folgend, selbstverständlich haben die Autos Hupen und die Fahrräder Pedale. Doch um das Knäuel zu entwirren, müßte man aus chinesischem Holz geschnitzt sein.

Das Große im Kleinen

Das Wesen einer Kultur offenbart sich eher in ihren »sinnlosen« als in ihren sinnvollen Errungenschaften, also nicht in den Gebrauchsgütern, sondern in den Luxusartikeln. Mit der chinesischen Kultur verhält es sich nicht anders: Nicht durch die Eßstäbchen und das Schießpulver gibt sie sich zu erkennen, sondern in ihrer Dichtung und Gartenkunst. Der Blick über die Gartenmauer ist ein Blick in den Kosmos im kleinen. Natur heißt *ziran*, das »Von-selbst-so-Seiende«. Und das »Von-selbst-so-Seiende« ist die dem *tao*, dem Weg und Urgrund aller Dinge, innewohnende Gesetzmäßigkeit. In dem Maße, in dem der taoistische Gehalt von *ziran* allmählich an Bedeutung verlor, wurde er auf alles in der freien Natur Existierende ausgedehnt und schließlich mit der Natur selbst gleichgesetzt. Wer den taoistischen Ursprung kennt, versteht den tieferen Sinn der chinesischen Gartenkunst.

Gärten galten als Zufluchtsorte der unsterblichen Seelen – Buddhisten verglichen sie mit dem Paradies von Amitabha, dem Buddha des unermeßlichen Lichts –, sie stellten einen Mikrokosmos dar, in dem sich alle Reichtümer der Welt wiederfinden ließen. Im ältesten Buch, dem *I Ging*, wird die gestaltete Gartenlandschaft vorrangig der wilden und nicht der kultivierten Natur zugeordnet. Ihr Wesen werde geformt durch das Wasser, das abgründige Element, den Berg, das Element des Stillhaltens und durch den See, das heitere Element.

Der Garten eines taoistischen Tempels kam dieser Vorstellung am nächsten, war er doch eine kaum merklich geformte Wildnis. Man könnte ihn als einen Rahmen begreifen, durch den sich das »Bild« Natur betrachten ließ. Nichthandeln, *wuwei*, lautet die oberste taoistische Maxime, durch die der Mensch erkennen kann, daß sich alles in Bewegung befindet. Verließ der kontemplative Besucher den Garten, nahm also den künstlich geschaffenen Rahmen weg, dann trat er mit geschärftem Blick in die natürliche Wildnis hinaus.

Als Zufluchtsort der Seele kommt der hinter Mauern sanft arrangierten Natur eine tiefgründige Symbolik zu. Ein Pavillon auf einem künstlichen Felshügelchen über einem Teich verkörpert die drei Inseln der Unsterblichen (»Wucherndes Unkraut«, »Vierecksklafter« und »Weltmeerkontinent«) im Ostmeer, wo die Glückseligen ewig leben. Die ausgeklügelt plazierten Steine, die in ihrer phallischen Form die Langlebigkeit und das Männliche, *yang*, symbolisieren, stellen den Kontrast zum Ostmeer-Paradies dar. Im Kunlun-Gebirge im fernen, kargen Westen Chinas, liegt der Sage nach der Ursprung aller Gärten. Wer Unsterblichkeit erlangen will, muß das Gebirge südlich der Todeswüste Takla Makan erklimmen. Der Weg zum Palast der Königinmutter des Westens führt über Bergpfade, durch die Hängenden Gärten voller Jade und Perlen und schließlich durch den Päonienpark, wo die Pfirsiche der Unsterblichkeit wachsen. Durch die heiligen Gärten, immer wieder zur Quelle zurück, fließt das Unsterblichkeit verleihende Zinnoberwasser.

Im mauerumsäumten Garten lebt der Kosmos in seiner harmonischen Ganzheit. »Das Kleine im Großen und das Große im Kleinen zu zeigen, und im Unwirklichen das Wirkliche anzudeuten und umgekehrt«, lautet die Botschaft. Dem aufmerksamen Besucher begegnet eine Welt der Kontraste: Lichtungen und Grotten, Lotusteiche und Bambushaine; eine Welt, in der schroffe Felsbrocken mit sanften Hügeln in Spannung zueinander treten.

Die ersten Gärten gingen aus imperialen Jagdgründen hervor und dienten der rituellen Begegnung des Menschen mit dem Kosmos – in symbolischer Annäherung unter freiem Himmel. Später entwickelten sie sich zu kaiserlichen Lustgärten, die die Herrscher zu einem Mikrokosmos ihres Reiches stilisierten.

Im dritten Jahrhundert entstanden die ersten Privatgärten reicher Mandarine. Zwei Typen lassen sich hier deutlich unterscheiden: Einmal die »wilden« Gärten, die die taoistische Naturphilosophie zum Ausdruck bringen, zum andern die künstlerisch überhöhten Gärten, die gleich einer gemalten Landschaft die Einheit von Architektur, Malerei, Dichtung und Kalligraphie verkörpern. Dieser stilisierte Typus überdauerte die Zeit und alle Modetrends der Gartenkunst – auch die aus Europa importierten. Durch den Roman *Traum der Roten Kammer*, der Mitte des 18. Jahrhunderts erschien, erlangte der »Schaugarten« à la Suzhou so herausragende Bedeutung, daß ihn die Nachwelt zum Ideal der chinesischen Gartenkultur erkor. Heute finden sich Suzhou-Gärten im ganzen Land. Suzhou, das »Venedig des Ostens« gilt mit dem verbürgten Gründungsdatum 514 n. Chr. als älteste Stadt Chinas.

Außer den Gärten sind die Berge bedeutend. Für die Menschen des Ostens sind sie ein Ort der Besinnung, wo das Erbe der Ahnen lebt. Den Bergen kommt traditionell eine ähnliche Rolle zu wie in der Gesellschaft den Herrschern – sie gewährleisten den festen Bestand des Kosmos. Früh bildete sich in der Mythologie die Vorstellung heraus, daß auf den wolkenverhangenen Berggipfeln »Himmelsleitern« für den Einstieg ins Paradies bereitstünden. Die geschichtsträchtigsten und landschaftlich schönsten Facetten der Bergwelt stellen die neun heiligen Berge des Taoismus und Buddhismus dar. Die heiligen Berge, auch die buddhistischen, spiegeln die Essenz des Taoismus wider: Sie sind soziale Zufluchtsorte, wo das Sosein in Einklang mit der Natur gelebt wird. Heute zeugen hundertjährige, noch von Mönchen bewohnte Klöster und tausendjährige Pinien von einer nie abgerissenen Verbindung von Mensch und Natur. Auf Steinstelen und gemeißelten Kalligraphien an den ehrwürdigen Pilgerwegen, die sich bis in schwindelerregende Höhen hinaufwinden, wird in poetischem Duktus die harmonische Beziehung von Mensch und Natur gepriesen.

Obwohl diese »religiösen Biotope« heute international den Status von Kultur- und Naturschutzgebieten genießen, sind sie doch einer starken Belastung durch den wachsenden Touristenstrom ausgesetzt, und ihre alten Siedlungen drohen zu Freizeitparks mit Souvenirständen zu verkommen.

Die vier bedeutendsten heiligen Berge seien kurz erwähnt. Der taoistische Berg *Tai Shan* in der Küstenprovinz Shandong. Im Jahr 1987 wurde er in die UNESCO-Liste des Weltkulturerbes aufgenommen, denn er gilt als der wichtigste heilige Berg Chinas. Er ist dem Großen

Kaiser des Östlichen Gipfels, Tai Yue Tati, geweiht. Diese Gottheit krönt neben dem Jadekaiser (Yü Huang) den taoistischen Pantheon. Als seine göttliche Aufgabe gilt, den Tag der Geburt und des Todes eines Menschen festzulegen. 6600 steile Steinstufen (und eine Seilbahn) führen zum Gipfel in 1545 Meter Höhe hinauf. Über all die Jahrhunderte pilgerten die Kaiser zum Tai Shan, denn als Himmelssohn waren sie die Mittler zwischen kosmischer und weltlicher Ordnung. Der Kaiser bestieg den Gipfel und brachte das Feng-Shan-Opfer (*feng* für die Himmelsgötter und *shan* für die Erdgötter) zur Stunde des Sonnenaufganges dar.

Der zweite heilige Berg ist *Song Shan* in der Provinz Henan. Hier ist die Hauptattraktion das Shaolin-Kloster, Geburtsort der Kampfkunst Kungfu. Im Jahr 527 zog sich der indische Mönch Bodhidharma (470–543?) in die Einöde des Song Shan zurück. Bodhidharma gilt als der Begründer des Zen-Buddhismus, der in Japan berühmt wurde.

In der Provinz Shanxi liegt der dritte heilige Berg, der *Wutai Shan* (Berg der fünf Terrassen). Er verkörpert das Element Luft und wird als geweihter Ort von Manjushri (»Der edel und sanft ist«) verehrt. Der Bodhisattva der Weisheit ist eine der wichtigsten Gestalten des buddhistischen Pantheons. Schon der sechste Dalai Lama (1683–1706) zog sich zur Meditation auf den Wutai Shan zurück, da dieser Berg zugleich als heiliger Ort des tibetischen Vajrayana-Buddhismus gilt. Hier liegt in 1700 Meter Höhe der älteste, aus Holz erbaute Tempel Chinas, Fo Guang Si. Das Bergmassiv umfaßt fünf Gipfel (bis 3058 m Höhe) und erstreckt sich über 500 Quadratkilometer.

Für die 100 Millionen chinesischer Buddhisten zählt schließlich der heilige Berg *Putuo Shan* (Potala-Berg) in der Provinz Zhejiang zu einer beliebten Pilgerstätte. Der Berg liegt auf einer 12,5 Quadratkilometer großen Insel im Ostchinesischen Meer südlich von Shanghai. Er symbolisiert das Element Wasser und ist Avalokitesvara geweiht. Dieser Bodhisattva trägt den chinesischen Namen *Guanyin* und wird als weibliche Emanation, oft mit elf Köpfen und unzähligen Armen, dargestellt. Guanyin ist die Zufluchtsgöttin für Frauen, die sich Kinder wünschen. Die Meeresinsel wird von Buddhisten und Taoisten gleichermaßen verehrt.

Die Fledermaus bringt Glück, die Schildkröte das lange Leben

Wer die Natur über alles liebt, muß noch lange kein Naturalist sein, wer Sinnbilder deuten kann, braucht noch kein Symbolist zu sein. Kann nicht der Symbolist auch Naturalist und der Naturalist Symbolist sein?

Im Abendland, wo seit dem Altertum ein Entweder-oder-Denken anzutreffen ist, sind sich beide feind. Im Fernen Osten hat dieses gegensätzliche Denken traditionell keine Macht. Vorherrschend ist hier das Sowohl-als-auch-Denken, weder wird alles aus der Natur hergeleitet, noch werden Leben und Materie ausschließlich mit übersinnlichen Zeichen gedeutet.

Wie zusammengeklaubt und pragmatisch ausgelesen, erscheint das altchinesische Denken in europäischen Augen – zumindest auf den ersten Blick. Um so verblüffter ist der Fremde über die bis heute spürbare Wirkung der praktischen Philosophie, der Ethik, der Politik und der Kultur, die auf das alltägliche Leben und die Gewohnheiten der Menschen ausgerichtet sind. Mit der praktischen Philosophie verhält es sich wie mit folgendem Gleichnis: Ein Herbergswirt hat zwei Beischläferinnen, eine schöne und eine häßliche. Die häßliche ehrt er; die schöne verachtet er. Als er von einem Gast kopfschüttelnd nach dem Grund seines Verhaltens gefragt wird, antwortet er: »Die

Schöne weiß um ihre Schönheit, und wir sehen ihre Schönheit nicht. Die Häßliche weiß um ihre Häßlichkeit, und wir sehen ihre Häßlichkeit nicht.«

Tugend und Klugheit sind gefährliche Werkzeuge, sie dürfen nicht sorglos gebraucht werden. Wissen hängt an Erfüllung, aber Erfüllung ist ungewiß. Wie kann der Mensch wissen, ob das Himmlische in Wahrheit nicht das Menschliche und ob das Menschliche in Wahrheit nicht das Himmlische ist?

Über die Kultur als Nabelschnur sind die Chinesen mit der Natur verbunden. Trotz leichtsinnigem Umgang mit ihren Ressourcen, hängen sie noch immer fest an ihr. Die Natur wird von alters her als ein harmonisch geordneter Kosmos mit einer gesellschaftlichen Komponente verstanden. Aus dem natürlichen Kreislauf des Wassers entspringt die Regel: Wer Wasser nimmt, muß Wasser geben, und wer Rücksicht fordert, muß rücksichtsvoll sein. Europäer bezeichneten deshalb die Chinesen des 17. Jahrhunderts als altes Volk, abgeklärt und voller Weisheit – aber ohne Leben. Im Jahre 1787 schrieb Johann Gottfried Herder über China: »Das Reich ist eine balsamirte Mumie, mit Hieroglyphen bemahlt und mit Seide umwunden; ihr innerer Kreislauf ist wie das Leben der schlafenden Winterthiere.«

Wie unrecht er doch hatte! Ist eine Gesellschaft etwa tot, in der durch Symbole und durch das Ritual der einzelne in einen gesitteten und geordneten Rahmen integriert wird? Wohl kaum, sie wird nur durch einen anderen Blickwinkel verständlich! So geht die Einbindung des einzelnen nicht durch Freiheit oder Zwang vor sich, so stößt unser Rechtsempfinden im Sinn der Habeas-Corpus-Akte von 1679 auch erst seit Jahrzehnten auf

Verständnis. Noch vor 1920 gab es kein Wort für »Freiheit«, weder im philosophischen noch im politischen Sinn. Heute werden die Begriffe Demokratie, *minzhu* (Volk herrscht), oder persönliche Freiheit, *geren ziyou*, gebraucht, wobei die individuelle Freiheit noch immer den anarchisch angehauchten Beigeschmack von »losgelassen sein« beziehungsweise von Egoismus hat.

Demokratie muß erst gelernt werden. Dafür sind Symbole und Regeln überall in Hülle und Fülle vorhanden. Nur hat der Sozialismus versucht, sie auszurotten. In Zukunft aber werden die alten Symbole als Sinnbilder, die für etwas Ungreifbares (Glück) oder Geglaubtes stehen, wohlgemerkt, ohne religiöse Bedeutung, wiederbelebt. So ist die Fledermaus, deren Name *fu* genauso ausgesprochen wird wie die Bezeichnung für Glück, auf Geburtstags- und Glückwunschkarten wieder ein beliebtes Motiv. Fünf Fledermäuse sind die Garanten der »fünf Segnungen«, sie gewähren hohes Alter, Reichtum, Gesundheit, Liebe zur Tugend und im Alter einen natürlichen Tod. Ein anderes Glücksmotiv ist das Paar pausbäckiger, strahlender Kinder, denen der Babyspeck aus allen Falten quillt. Das Mädchen und der Junge garantieren als »Eigentumskinder« den Bestand des Hauses und sorgen für die Zufriedenheit seiner Bewohner.

Die neugebauten Bauernhäuser tragen auf den Dachtraufen wieder tongebrannte Abbilder des grünen Drachens des Ostens, des weißen Tigers des Westens, des zinnoberroten Vogels des Südens und der schwarzen Kröte des Nordens. Diese geomantischen Tiersymbole sollen die Häuser der Bauern vor Unbilden schützen.

Sinnbilder entstanden auch aus »Lautsymbolen«. Darunter sind Begriffe zu verstehen, die genauso oder ähnlich wie das Symbol lauten: *fu* – Glück und *fu* – Fledermaus, die somit zum Glückssymbol stilisiert wurden. Äpfel sind nicht wegen ihrer Vitamine ein willkommenes Geschenk, sondern weil *ping* auch Frieden heißt. Da die Orange, *ju*, lautähnlich klingt wie *zhu*, um Glück beten, gilt sie als glückbringende Frucht und wird gern am zweiten Tage des Frühlingsfestes gegessen. Früher ließ der Kaiser diese symbolträchtige Frucht zu Beginn des neuen Jahres an seine Beamten verteilen.

Selbst ganz alltägliche Dinge wie ein Besen haben Symbolwert. Als Zeichen von Weisheit und Einsicht muß er besonders behandelt werden, so darf er nie im Zimmer eines Sterbenden stehengelassen werden, da sonst der Tote ein langhaariges Gespenst würde.

Die Symbolik lebt nicht nur in der Kultur, sondern auch in der Politik. Bei den Volksprotesten für Demokratie, für Versammlungs- und Pressefreiheit, im Juni 1989 zertrümmerten empörte Studenten auf dem Tiananmen Bier- und Limonadeflaschen. Diese Aktion war ein symbolischer Akt, denn *ping* bedeutet gesprochen nicht nur Flasche, sondern auch einen Teil des Vornamens von Deng Xiaoping (Kleine Flasche). Der Protest verlangte nach Freiheit, Demokratie und moderner Technologie. Doch dann überrollten Panzer die Hoffnungen. Das Massaker auf dem Platz des Himmlischen Friedens forderte mehr Todesopfer, als die KPCh bisher zuzugeben wagt. Durch die bitteren Niederlagen in den Opiumkriegen, den Kriegen gegen die Franzosen (1884/85) und Japaner (1894/95) und im Boxer-Aufstand von 1900, die das Reich der Mitte bis in die Selbstverleugnung trieben, ist das Verhältnis zu allem Fremden gebrochen: Sei es, daß die Chinesen den Ausländern servile Hochachtung entgegenbringen, sei es, daß sie sich ihnen gegenüber überheblich gebärden. In den Bürgerkriegen und politischen Parteikämpfen wurden die Gegner symbolisch mit Bezeichnungen wie »Kuhteufel« und »Schlangengeister« belegt.

Überhaupt ist die Fauna ein Fundus für Symbole, so ist die Elster der Glücksvogel und ein Elsterpärchen versinnbildlicht Eheglück. Der Rabe ist der Pechvogel. Vielen, auch eßbaren Tieren werden besondere Eigenschaften zugesprochen. Das symbolträchtigste Tier ist die Schildkröte. Sie steht für gute und (Sowohl-als-auch-Denken!) schlechte Eigenschaften. Verbreitet ist der Spruch: »Die Schildkröte birgt die Geheimnisse des Himmels und der Erde.« In den Anfängen verglichen die Gelehrten den Panzer der Schildkröte mit dem gewölbten Himmelszelt und ihre Unterseite mit der rechteckigen oder quadratischen Fläche der Erde. In ihren Panzer wurden vor 5000 Jahren Zeichen geritzt, die – über dem Feuer erhitzt – neue Zeichen, Orakelzeichen ergaben. Im Altertum war die Schildkröte ein überirdisches Wesen, sie soll dem ersten Kaiser Qin Shi Huang geholfen haben, den Gelben Fluß zu bändigen. Ihre Langlebigkeit machte sie zum Symbol für langes Leben. Sie ist aber auch das Symbol der Unsittlichkeit und galt als das Tier des Nordens, dessen Name so schändlich klang, daß man nur vom »dunklen Krieger« zu sprechen wagte. Sie steht sowohl für Impotenz als auch für starken Geschlechtstrieb: Da es keine Schildkröten-Männchen gebe, müßten sich die Weibchen mit Schlangen paaren. Die Legende weiß, daß die Schildkröte und die Schlange aus den Eingeweiden und dem Magen von Bei Di, des Kaisers des Nordens, entstanden sind. Schildkröte ist der bildhafte Ausdruck für

Penis, und das Schimpfwort Schildkröten-Herr, *guigong*, bedeutet »Vater einer Hure«.

Vom Symbolhaften ist es nicht weit zur Magie, und an Magischem hat China dem Westen viel zu bieten: Feng Shui, Qigong, Kungfu, Taiji quan, Astrologie, Numerologie und die Lehre der bipolaren Kräfte *yin & yang*. *Yin*, das Dunkle und *yang*, das Lichte, sollen ursprünglich aus der Naturbetrachtung hervorgegangen sein: *yin* hieß die Nordseite eines Berges, *yang* seine Südseite. Meinte man Licht und Schatten, das sich ewig durchdringende Spiel der kosmischen Kräfte?

Die duale Lehre von *yin & yang* tauchte im chinesischen Denken erst nach Konfuzius im dritten Jahrhundert v. Chr. auf und wurde später zum Gemeingut aller antiken Lehren. Aus beider Zusammenwirken erwuchs alles Stoffliche, das sich in Festes und Weiches teilte. Das Stoffliche bildete die Form, den Leib aller Wesen im Himmel und auf Erden. *Yin & yang* durchdringen das Universum in einem Wandel, der in sich einheitlich und konsequent ist. »Darum nannten die Alten das Schließen der Pforten das Empfangende, und das Öffnen der Pforte nannten sie das Schöpferische. Den Wechsel zwischen Schließen und Öffnen nannten sie Veränderung.«

Doch die Bipolarität stand nicht am Anfang. Am Anfang war Taiji, ursprünglich als Zeichen ein Firstbalken, ein einfacher Strich, der die Einheit, das Eine, symbolisierte. Heute ist das Taiji-Symbol ein Kreis, in dem sich eine schwarze und eine umgekehrte weiße fischähnliche Hälfte in Form eines S umschlingen. Nach dem Volksglauben soll dieses Zeichen auf der Plazenta von Neugeborenen zu erkennen sein.

Aus der Einheit Taiji erwächst die Zweiheit und aus

der Zweiheit die Dreiheit von Himmel, Erde, Mensch. Aus der Dreiheit dann die Fünfheit von Erde, Holz, Metall, Feuer, Wasser. Der Entstehungszyklus der Elemente lautet: Holz nährt Feuer, Feuer nährt Erde, Erde nährt Metall, Metall nährt Wasser. Dagegen lautet der Überwindungszyklus: Holz zerstört Erde, Erde zerstört Wasser, Wasser zerstört Feuer, Feuer zerstört Metall, Metall zerstört Holz.

Aus den fünf Elementen oder Wandlungsphasen entstehen schließlich die »Zehntausend Dinge«, überhaupt alles, was zwischen Himmel und Erde existiert.

Wer sich zu Hause mit China befaßt, weiß vielleicht, daß *yang* das Männliche und *yin* das Weibliche symbolisiert. Richtig, aber hier fangen auch schon die Fehler an: beide werden auseinandergerissen, als Gegensätze definiert, auf das Sexuelle reduziert, und im *yang* wird oft der starke Mann vermutet. »Erst der Schatten *yin*, dann das Sonnenlicht *yang*«, heißt ein alter Spruch.

Will man die Reihenfolge beider Kräfte benennen, steht *yin* immer an erster Stelle. Beide sind verschlungene Gegenpole, die einen Kreis beleben. *Yang* versinnbildlicht den Himmel, den Süden, die Farbe Rot, das Beständige, das Harte, den Kaiser, den Drachen und alle ungeraden Zahlen. *Yang* verkörpert die linke Hand und die Brust, die Sonne, die Dürre und das Feuer. Mit *yang* bezeichnen die Bauern den Sonneneinfall, die sonnigen Hänge und Felder. Für Städteplaner bezeichnet die männliche Naturkraft den geeigneten Baugrund. *Yang* symbolisiert den Sommer, im Winter ist es wirkungslos, denn *yin* hält es gefangen. Die weibliche Naturkraft steht für den Mond, die Erde, die Kälte, das Feuchte, den Regen, den Schatten, die Farbe Schwarz, das Wechselhafte und die Nacht. Dem *yin* entsprechen der Rücken, der Westen und die rechte Hand.

Schöpferisch werden beide Kräfte nur als Paar. Jedem ist ein genau umrissener Bereich oder Zustand zugeordnet, deshalb ist das Emblem der beiden eine Tür. Ist sie offen, so symbolisiert dies *yang*, ist sie geschlossen dann *yin*. Wer sich entweder dem *yin* oder dem *yang* verschrieben hat, gilt als halbseitig gelähmt. Noch nie war im chinesischen Denken der Gegensatz zwischen rechts und links, zwischen der Rechten und der Linken ein absoluter. Obwohl die Chinesen Rechtshänder sind, hat die Linke eine große Bedeutung: Man schüttelt sich traditionell nicht die Hand, sondern grüßt mit leichter Verbeugung, während die Rechte unter der Linken verborgen bleibt. Das klassische Schriftzeichen für die Rechte sind »Hand und Mund«. Nun dient die rechte Hand nicht nur zum Essen, sie gewinnt bei der Trauerzeremonie große Bedeutung.

Die Etikette ist nicht steif, doch sie kennt viele Symbole. Wird einem Gast ein Fisch serviert, so muß der Schwanz zu ihm zeigen. Im Winter muß der Fischbauch nach rechts, im Sommer nach links gerichtet sein, denn der Sommer, die Linke und die Vorderseite sind *yang*. Zur kalten Jahreszeit wird die Regel durchbrochen, nun muß der Rücken auch nach links zeigen, da mit der Rechten gegessen wird. Das rhythmische Zusammenspiel von *yin & yang* kann als Protokoll verstanden werden, das den Lauf der Welt zu einem einzigartigen Zeremoniell ordnet. Und dieses orientiert sich immer an den tatsächlichen Gegebenheiten, niemals werden *yin & yang* als abstrakte Kräfte an sich und unabhängig von den sozialen Gegebenheiten betrachtet.

Ein Europäer kann *yin & yang* nicht in ihrer Ganzheit

erfassen, da beide Kräfte auf einer Vorstellung beruhen, in der sich die Zeit nicht nur als mathematische oder philosophische Größe auf die Bewegung im Raum bezieht, sondern unmittelbar mit dem Raum zu einem Weg, *tao*, verwoben ist. Die Philosophen im alten China hatten anders als Platon und Aristoteles nie den Wunsch, sich abstrakter Begriffe wie Zeit, Raum und Kausalität zu bedienen, statt dessen haben sie durch ein Paar konkreter Symbole (*yin* & *yang*) ihre Auffassungen von einem stetig fließenden Rhythmus mitgeteilt.

Das Wesen von *tao* erfaßt, wer in der Einheit der Gegensätze das Absolute sieht. In der *tao*-Lehre sind alle Gegensätze in dem Einen aufgehoben wie die sieben Farben im weißen Licht. *Tao* reguliert den Wechsel zwischen *yin* & *yang* im Zeit-Raum-Gefüge. »Wären Metall und Stein ohne *tao*, sie würden keinen Schall geben. Sie haben die Gewalt des Schalls, aber er kommt aus ihnen nicht, wenn sie nicht geschlagen werden. So ist es mit allen Dingen.«

Jeder Raum, auch die Erde, wird grundsätzlich als etwas Quadratisches oder Rechteckiges angesehen. Jenseits seiner vier Grenzen (Himmelsrichtungen) bilden vier unbestimmte Bereiche, die »Vier Meere« genannt, eine Art Saum. Gleich einer Schachtel in der Schachtel werden die kleineren Räume durch fünf ineinandergestapelte Quadrate dargestellt. In der Größe sind sie austauschbar, es können Regionen, Städte oder auch nur Felder sein.

In der Mythologie ruht die Erde auf vier Pfeilern, die aus den Beinen der Schildkröte hervorgegangen sind. Von allen vieren wurden nur der *pu zhu* im Nordwesten der Welt berühmt, denn dort ist die Pforte zur dunklen Welt, wo der Windgenius *gong gong* herrschen soll, eine Sintflut sei immer ihm zuzuschreiben. Einst war der Himmel ein

Höhlengewölbe, in dem die Erde nachträglich gewachsen ist; Gottheiten und Menschenwesen konnten miteinander verkehren, weil Himmel und Erde miteinander verwachsen waren. Aus diesem Grund konnte sich in China nie eine Religion mit einem Schöpfergott entwickeln.

In vielen Tempeln und auf vielen heiligen Bildern werden Sie ein Hakenkreuz entdecken. Im Buddhismus ist es ein bedeutendes Symbol: rechtsgedreht, verkörpert es das Siegel von Buddhas Herz. Linksgedreht, ist es eine sehr alte Form des Zeichens *fang* und weist auf die vier Weltgegenden hin. Seit dem siebten Jahrhundert wird es als Zeichen für das Unendliche verwendet.

In der kosmischen Ordnung hängt die Harmonie (*he*) zwischen allen Wesen (Sonne & Mond, Himmel & Erde, Mann & Frau sowie zwischen dem nach oben strebenden Feuer & dem nach unten strebenden Wasser) von der Lebensführung des Herrschers ab. Ist der Kaiser oder Fürst ein Mann der Tugend, dann herrscht Ordnung im Kosmos, der seinen symbolischen Ausdruck im Wagen des Herrschers findet. Das Gefährt hat die Form eines Quadrats, während der darüber gespannte Baldachin gewölbt ist und den Himmel verkörpert. Bereiste der Himmelssohn die quadratisch dargestellte Erde, dann tat er dies der Sonnenbahn folgend.

Das Verhältnis der Chinesen zu Fremden ist noch immer gestört. Zwar sind wir nicht mehr die »ausländischen Teufel« und »Barbaren«, zwar werden wir höflich »ausländische Gäste« genannt, doch zugeschüttet ist der Graben nicht. Schuld daran hat die Geschichte, die heute in Form des Groß-Han-Chauvinismus lebt.

Am westlichen Saum des Quadrats lebten nach der alten Vorstellung Barbaren; kriegerische Wesen, die mit den Tieren auf eine Stufe gestellt wurden und deshalb auch verspeist werden durften, während sich die erlesenen Erdenbürger, gemeint waren ausschließlich die Han, wie Brüder und Schwestern begegnen mußten. Nach der Symbolik ist der Westen gefährlich, weil es dort Berge gibt, in denen viele Bucklige hausen. Der Buckel gilt als Auswuchs der Haut, die in direkter Beziehung zur antiken Lederrüstung steht, also zum Krieg.

Wir haben Teilchen aus dem engmaschigen Netz der Symbolik herausgelöst und Einzelbeispiele isoliert. Das ist natürlich unzulässig, denn diese umspannt das Leben in der Gesellschaft und Natur wie ein Kokon, auch die Naturwissenschaften, die Astronomie und die Numerologie waren eingesponnen.

Im alten China war die Zahl nur in zweiter Linie eine arithmetische Einheit, primär diente sie zur Bestimmung von Ordnungen. Sie hatte eine protokollarische Funktion und diente als Etikett zur hierarchischen Einstufung von sozialen Gruppierungen. Die Zahl 1 umschließt die 2, die als Symbol für das Paar und die vereinte Einheit gilt, sie ist der vollkommene Ausdruck des Ganzen und Allumfassenden. Dem Element Wasser ist die 1, dem Feuer die 2, dem Holz die 3, dem Metall die 4 und der Erde, dem Mittelpunkt, die 5 zugeordnet. Die Zahlen standen somit auch für Himmelsrichtungen, denn das Wasser weist nach Norden, das Feuer nach Süden, das Holz nach Osten und das Metall nach Westen. Kosmologie, Zahlenmystik, Okkultismus – das sind Schlagworte, die vermehrt durch unsere Kulturlandschaft geistern, nachdem das chinesische Horoskop salonfähig geworden ist. Wer im Jahr des Schweins (z. B. 1959, 1947, 1923) geboren ist, wird gehänselt, wer unter dem Zeichen des Tigers (1962, 1950, 1938) zur Welt kam, wird bewundert, und wer im Jahr der Schlange (1965, 1953, 1941) geboren wurde, erweckt zumindest Interesse. Nun dürfen die chinesischen Tierkreiszeichen nicht mit den europäischen gleichgesetzt werden, sie haben ihre eigenständige Bedeutung. Schon im Mittelalter lernten die Chinesen den abendländischen Tierkreis kennen, übernahmen diesen allerdings nicht.

Nach dem Mondkalender hat das Jahr einen Zyklus von zwölf Zeichen, welchem der Tag-Nacht-Wechsel von zwölf gleichnamigen Doppelstunden entspricht. So ist die letzte Stunde vor und die letzte nach Mitternacht wie der Anfang des Zwölf-Jahreszyklus der Ratte zugeordnet. Dieser folgen in einer festgefügten Reihenfolge Büffel, Tiger, Hase, Drache, Schlange, Pferd, Ziege, Affe, Hahn, Hund und Schwein. Laut Überlieferung lagen zwölf Opfertiere auf dem Altar, als der indische Heilige Schakjamuni (560–480 v. Chr.) ins Nirwana einging. Erst nachdem sich die flinke Ratte vor den trägen Büffel gemogelt hatte, war die Reihenfolge unumstößlich. Noch heute orakeln auf dem Land die Eltern von Verlobten, ob die Tierzeichen, unter denen ihre Kinder geboren sind, miteinander harmonieren.

Wie historische Daten nur symbolische Zäsuren für die Chinesen sind, die ihr Denken und Handeln nicht verändern, so bannt sie auch die traditionelle Symbolik ganz ohne Zutun. Die Symbolik ist gleich der Schrift in Jahrtausenden gewachsen und nicht totzukriegen, im Gegenteil, sie pulsiert in den Söhnen und Töchtern der Han als versteckte Kraft. Selbst wenn die meisten der Jungen die Namen von amerikanischen Popstars besser als *yin & yang* kennen, orientiert sich ihr Denken, Fühlen und Handeln wie von selbst am *dao*.

Souvenirs – unbezahlbar

Fünfundzwanzig Kilo sind kein Problem, bei dreißig wird es allerdings kritisch. Offiziell sind auf den Strecken von und nach China nur magere zwanzig Kilo Fluggepäck erlaubt. Und dabei könnte man doch so vieles einkaufen, Souvenirs für sich und all die Freunde und Bekannten, die den fest vereinbarten Dia-Abend bevölkern werden.

Vielleicht sollten wir von den Chinesen lernen, wenn es um Geschenke geht. Da wird nicht mal schnell in die Auslage gegriffen, sondern erst hin und her überlegt, wem man was wie schenken kann. Das Stück muß eine ganz persönliche Handschrift tragen – mehr noch, es muß auf Charakter und Bedürfnisse des Auserkorenen abgestimmt sein. Auch beim Schenken gibt es so etwas wie eine Hierarchie. Die Familie, gute Freunde und Leute, die für einen wichtig sind, bekommen wertvolle Geschenke. Verwandte zweiten oder dritten Grades und gute Bekannte müssen sich mit Mittelmäßigem begnügen, aber sie werden nie vergessen. Kleinigkeiten, wie Bonbons, erhalten die Kinder der Nachbarn oder die Arbeitskollegen. Kehrt ein Chinese von einer Auslandsreise zurück, dann trägt er nicht nur mehrere Jacken übereinander, sondern hat auch noch in jeder Jackentasche Geschenke.

Aus China ist noch niemand mit leeren Händen abgereist, wohl aber mit einem Gefühl der Leere. Vergleichbar einem Schock, etwa so, wie wenn nach einer traumhaften Nacht der Wecker klingelt – dabei ist Verwirrung mit im Spiel. Sobald es heißt, Distanz gewinnen, liegt das Naheliegende plötzlich ganz nah, nämlich nachzudenken über Sinn und Zweck der Reise, den Souvenirs »im Kopf« Tribut zu zollen.

Dein China ist nicht mein China, und unser China gibt es schon gar nicht. Allein die massenhaft vorhandene China-Literatur beweist, daß es zahllose Blickwinkel gibt, aus denen heraus ein Land observiert, seziert, konsumiert, analysiert, rezipiert, geliebt und gehaßt werden kann. Das Sprichwort »Einmal sehen ist besser als hundertmal hören«, *baiwen bu ru yijian*, ist die halbe Wahrheit, der deutsche Werbeslogan »Was man nicht weiß, das sieht man nicht« sorgt für den Ausgleich. Ergo ist jeder nach der Reise klüger als zu Beginn. Diese Chance sollten Sie nutzen, um sich ihre ganz persönlichen Souvenirs im Kopf zurechtzulegen.

Vor knapp 300 Jahren ging ein Mann auf Reisen. Zu gerne wäre er in sein geliebtes *Tschina* aufgebrochen, doch er kam nur bis Rom, wo er 1689 den Jesuitenmissionar Claudio Filippo Grimaldi traf. Anfangs gab es Sprachbarrieren, denn der eine war Deutscher und hieß Gottfried Wilhelm Leibniz (1646–1716), der andere sprach italienisch mit vielen Brocken Chinesisch durchsetzt. Der Chinamissionar Grimaldi weilte als Gesandter des Kangxi-Kaisers in Europa, als er von Leibniz tage-, monatelang über das Reich der Mitte ausgefragt wurde. Der deutsche Universalgelehrte interessierte sich einfach für alles, von der chinesischen Kräutermedizin bis hin zum Konfuzianismus. Nach sechs Monaten Rom trennten sie sich. Grimaldi reiste gen *Tschina*, wo er als Hofberater diente, Leibniz gen Leipzig. Ein aufregender Briefwechsel folgte, und mit jeder Zeile kam Leibniz dem Reich der Mitte näher, ohne jemals dort gewesen zu sein. Da er ein genialer Kopf war, konnte er in Gedanken reisen und sich Souvenirs im Kopf zu Hause schaffen.

Sein schönstes Geschenk für uns ist seine Erkenntnis, daß Europa und China zwei sich ergänzende Hälften einer Weltkultur darstellen und daß beide voneinander lernen sollen. Deshalb sei, so Leibniz, ein tiefgehendes Verständnis ihres Gegenpols auf beiden Seiten dringend vonnöten. Leibniz ist seit dem Jahre 1716 tot, doch diese Erkenntnis und seine Erfindungen leben, weil er die Wahrheit in den Tatsachen suchte. Er entdeckte in einer antiken Anordnung der Zahlen von 0 bis 63 das »Geheimnis der Schöpfung«, wie er seinen Beitrag zur westlichen Mathematik nannte. Ohne diese Rechenart wäre die Computertechnik nicht denkbar, denn sie basiert auf dem binären Zahlensystem mit den Ziffern 0 und 1 (111, 110, 101, 100, 011, 010, 001, 000). Mit diesem System hatte Leibniz das Zahlensystem des mythischen Königs Fu Xi wiederentdeckt, der das Hexagramm, den sechsstrahligen Stern aus zwei gekreuzten gleichseitigen Dreiecken, des *I Ging* erfunden haben soll.

Ein Souvenir, es mag banal klingen, bringt jeder mit: China ist anders als die Heimat. Ja, das Vaterland ist nicht alles, draußen im Osten gibt es noch etwas ganz anderes, eine andere Wirklichkeit. Entzaubern wir China, versuchen wir es in seiner Wirklichkeit zu erfassen, schon verschieben sich die Relationen, die Heimat schrumpft auf Stecknadelgröße, das ferne Land wird groß wie eine Elefantenhaut.

Glossar

ABAKUS (griech. ábax Brett) Rechenbrett, mit dem durch Verschieben von Kugeln auf Holzstangen zusammengezählt oder abgezogen wird.

AUSLANDSCHINESEN Auswanderer. Die meisten leben in Südostasien und an der Westküste der USA. Sie genießen in der VR China eine Reihe von Privilegien, die Europäern nicht eingeräumt werden.

BOXER-AUFSTAND Revolte gegen ausländische Missionare, Kaufleute und ausländische Konzessionen im Jahre 1900. Sie wurde von den alliierten Truppen westlicher Staaten niedergeschlagen.

DANWEI (chin. »Einheit«) ist auf dem Kollektivsektor zuständig für Arbeit, Wohnen, Kindergarten, Geburtenkontrolle und übernimmt viele Funktionen der Sippe.

FRÜHLINGSFEST (*chunjie*) Zwischen Ende Januar und Ende Februar (nach dem Gregorianischen Kalender) beginnt das neue Mondjahr mit diesem Fest. Es ist das wichtigste Fest des Jahres.

GAOLIANG Zuckerhirse, Rohstoff zur Erzeugung von Schnaps, findet auch als Viehfutter Verwendung.

GELBER FLUSS (Huang He), mit 4150 Kilometern der zweitlängste Wasserlauf Chinas. Sein Tal gilt als die Wiege der chinesischen Zivilisation.

GELBER KAISER (Huang Di) Mythischer Kaiser, der um

2500 v. Chr. gelebt haben soll. Er gilt bis heute als Urahn der Han-Chinesen.

HAN Chinesen nennen sich Han und grenzen sich damit von den anderen 55 in der Volksrepublik lebenden Nationalitäten ab. Als Han wird ein Völkergemisch in Asien bezeichnet, das Chinesisch spricht und die chinesische Kultur sein eigen nennt. Der Name geht auf die Han-Dynastie (206 v. Chr. – 220) zurück.

HINTERTÜR Der Begriff »durch die Hintertür gehen« (*zou houmen*) bezeichnet das Ausnutzen persönlicher Beziehungen. Teils ist es Korruption, teils ist es Umgehen der Beamtenwillkür und der Bürokratie.

HUTONG Altchinesischer Wohnkomplex mit Innenhof, um den sich mehrere einstöckige Häuser gruppieren.

JOINT VENTURE Chinesisch-ausländische Gemeinschaftsunternehmen.

MANTOU (chin. »Dampfbrot«) Statt Reis (*mifan*) bevorzugen die Nordchinesen das aus Weizen, Hefe und Wasser erzeugte Dampfbrot.

MU Flächenmaß; 1 Hektar entspricht 15 mu.

PINYIN Einheitliche Umschrift entsprechend dem Alphabet für Englisch, Deutsch und Französisch. Seit 1979 offizieller Ersatz für die Wade-Giles-Transkription (Deng Xiaoping statt Teng H'siao-ping). Die verwendeten Begriffe sind in Pinyin transkribiert und bis auf Eigennamen kleingeschrieben. Traditionelle, weil im Ausland eingebürgerte Begriffe wie Peking, Kanton, Yangtse wurden beibehalten, in Pinyin heißen sie Beijing, Guangzhou und Changjiang.

REICH DER MITTE (*zhongguo*) Als Reich der Mitte sah sich China im Zentrum dessen, was unter dem Himmel (*tian xia*) liegt, als Inbegriff der Weltzivilisation.

TAO (chin. »Weg«) gilt im Taoismus (Daoismus) als der Weg des Universums, das Absolute, der Urgrund aller Dinge.

WAIBIN (chin. »ausländischer Gast«) Offizielle Bezeichnung für alle Ausländer, die China besuchen.

XIAODAO (chin. »Kleiner Kanal«) Inoffizielle Informations- und Mitteilungsebene neben den offiziellen, von der Kommunistischen Partei gesteuerten Medien.

YUAN 1998 entspricht 1 D-Mark ungefähr 5 Yuan RBM (Renminbi). 1 Yuan entsprechen 10 Mao oder 100 Fen. Die Volkswährung RBM soll frei konvertierbar werden.